Langenscheidt
Vom Wort zum Satz

Japanisch

Die wichtigsten Wörter
in einfachen Sätzen üben

Von Martina Ebi und Yumiko Katō

Langenscheidt

Langenscheidt
Vom Wort zum Satz
Japanisch
Die wichtigsten Wörter in einfachen Sätzen üben

von
Martina Ebi und Yumiko Katō

Download der MP3-Dateien und der Wortliste:

1. Gehen Sie auf die Seite **www.langenscheidt.com/bonusmaterial**
2. Geben Sie dort den Code **WSJ560** ein.
3. Klicken Sie auf den Button „aktivieren".
4. Laden Sie die MP3-Dateien und die Wortliste herunter.

3. Auflage 2025

www.langenscheidt.com

Layout: Meike Elsasser, Hildrizhausen
Umschlagfotos: Muster: Shutterstock/dawool; Hände und Tassen: Shutterstock/Antonio Guillem
Satz: Satzkasten, Stuttgart
Druck und Bindung: Multiprint Ltd., Kostinbrod

ISBN 978-3-12-563560-9

So lernen Sie mit diesem Buch

Mit diesem Buch erweitern Sie Ihren japanischen Wortschatz – in kleinen Schritten vom einzelnen Wort zum ganzen Satz. Der Inhalt ist in 30 thematisch gegliederte Lektionen unterteilt.
Auf der ersten Seite einer Lektion werden Ihnen 10-12 grundlegende japanische Wörter vorgestellt, die Sie im Laufe der Lektion lernen. Diese Wörter tauchen dann auf der folgenden Seite in einem kleinen Text wieder auf, ihre Übersetzungen sind dort fett gedruckt. Um Ihnen die Zuordnung eines japanischen Schriftzeichens zu seiner deutschen Entsprechung zu erleichtern, ist diese mit einem Pfeil kennzeichnet:

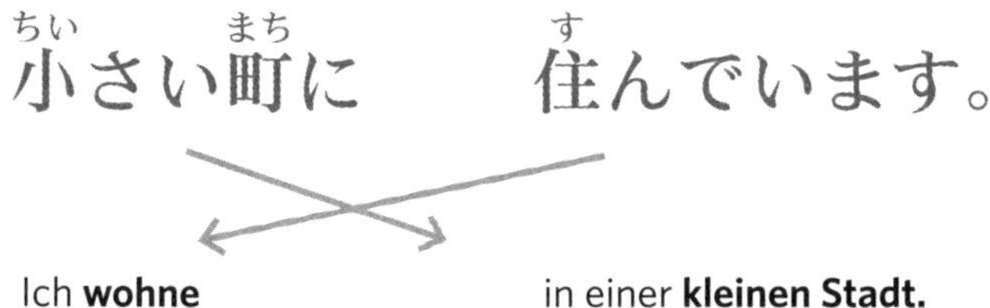

Ich **wohne** in einer **kleinen Stadt.**

Um Ihnen die Aussprache der Kanji-Zeichen zu erleichtern, stehen über den Kanji-Zeichen Furigana als Lesehilfe:

Auf der dritten und vierten Seite einer Lektion lernen Sie dann zahlreiche Wörter, die mit den grundlegenden Wörtern der ersten Seite verwandt sind. Abschließend üben Sie die neuen Wörter und wiederholen den Text vom Anfang der Lektion noch einmal. Sie werden sehen: In kleinen und langsamen Schritten erweitern Sie Ihren Wortschatz immer mehr.

Alle Wörter und Sätze, die Sie innerhalb einer Lektion lernen, können Sie auch anhören. Die MP3-Dateien und eine komplette Liste der Wörter mit Übersetzung können Sie online herunterladen. Wie das geht, erfahren Sie auf Seite 2.

Viel Erfolg beim Lernen wünscht Ihnen die Langenscheidt-Redaktion!

INHALT

Vorwort ... 3
Einführung in die japanische Sprache ... 5
Lektion 1 Sich kennenlernen ... 16
Lektion 2 Small talk ... 22
Lektion 3 Zahlen und Mengen ... 28
Lektion 4 Uhrzeit und Kalender ... 34
Lektion 5 Sich verabreden ... 40
Lektion 6 Nach dem Weg fragen ... 46
Lektion 7 Sich in einer Stadt zurechtfinden ... 52
Lektion 8 Verkehrsmittel ... 58
Lektion 9 Am Bahnhof ... 64
Lektion 10 Im Restaurant ... 70
Lektion 11 Im Hotel ... 76
Lektion 12 Wohnen ... 82
Lektion 13 Essen, Trinken, Kochen ... 88
Lektion 14 Nahrungsmittel einkaufen ... 94
Lektion 15 Kleidung und Schuhe einkaufen ... 100
Lektion 16 Lernen und Wissen ... 106
Lektion 17 Tagesablauf ... 112
Lektion 18 Familie und Verwandtschaft 1 ... 118
Lektion 19 Familie und Verwandtschaft 2 ... 124
Lektion 20 Arbeit und Beruf ... 130
Lektion 21 Körper und Aussehen ... 136
Lektion 22 Gesundheit und Krankheit ... 142
Lektion 23 Natur und Wetter ... 148
Lektion 24 Wahrnehmung und Sinne ... 154
Lektion 25 Charakter und Eigenschaften ... 160
Lektion 26 Sport und Freizeit ... 166
Lektion 27 Telefonieren und Smartphone ... 172
Lektion 28 Internet und Computer ... 178
Lektion 29 Staat und Politik ... 184
Lektion 30 Kunst und Kultur ... 190
Lösungen ... 196

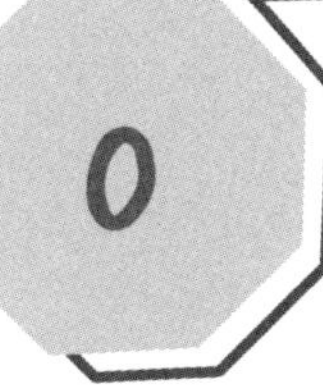

Einführung in die japanische Sprache

Schrift

Im Japanischen werden heutzutage drei Schriftsysteme parallel verwendet. Die Kanji, die aus China übernommenen Schriftzeichen, werden v. a. für Inhaltswörter verwendet. Zum Lesen einer Zeitung braucht man ca. 3500 Kanji, für den täglichen Gebrauch sind von staatlicher Seite „nur" 2136 empfohlen. Es gibt einfache Kanji wie z. B. 日 *Sonne, Tag*, die dann zum Aufbau komplexerer Kanji verwendet werden. Oft tragen sie zur Bedeutung des komplexen Kanjis bei: 明 *hell*, 早 *früh*. Ein Kanji kann verschiedene Aussprachen haben: eine oder mehrere aus China übernommene Aussprachen und eine oder mehrere japanische Aussprachen:

Kanji	chinesische Aussprache	japanische Aussprache
日	**NICHI**, **JITSU**	**hi**, **ka**

Die Silbenschriften Hiragana und Katakana wurden in Japan im 8./9. Jh. aus den Kanji entwickelt. Sie stellen keine Idee dar, sondern eine Silbe. Heutzutage gibt es 46 Hiragana bzw. Katakana. Theoretisch kann man jeden japanischen Satz in einer der beiden Silbenschriften schreiben. Katakana werden aber heutzutage hauptsächlich für die Schreibung westlicher Fremdwörter oder Fremdnamen verwendet. Hiragana werden für grammatische Endungen und Partikeln verwendet, oder wenn das Kanji ungebräuchlich ist, also nicht zu den empfohlenen 2136 gehört, oder in Redewendungen. D. h. ein japanischer Satz kann aus allen drei Schriften geschrieben sein:

フーバーと申します。 **Fūbā to mōshimasu**. *Ich heiße Huber.*

Hiragana werden auch als Lesehilfen, sogenannte Furigana, bei seltenen Kanji oder schwierigen Kanji-Kombinationen über die Kanji geschrieben, um beim Lesen die Aussprache anzuzeigen.

Traditionell wurde von oben nach unten und von rechts nach links geschrieben. Zwischen den Wörtern werden keine Leerzeichen gemacht. Es gibt auch Kanji für

Zahlen, heutzutage werden aber hauptsächlich die arabischen Ziffern verwendet, v. a. in waagrecht geschriebenen Texten.

Hiragana-Tabelle

	a	i	u	e	o
	あ a	い i	う u	え e	お o
k-	か ka	き ki	く ku	け ke	こ ko
s-	さ sa	し shi	す su	せ se	そ so
t-	た ta	ち chi	つ tsu	て te	と to
n-	な na	に ni	ぬ nu	ね ne	の no
h-	は ha	ひ hi	ふ fu	へ he	ほ ho
m-	ま ma	み mi	む mu	め me	も mo
y-	や ya		ゆ yu		よ yo
r-	ら ra	り ri	る ru	れ re	ろ ro
w-	わ wa				を o
	ん n				

Katakana-Tabelle

Katakana sind im Vergleich zu den Hiragana kantiger:

	a	i	u	e	o
	ア a	イ i	ウ u	エ e	オ o
k-	カ ka	キ ki	ク ku	ケ ke	コ ko
s-	サ sa	シ shi	ス su	セ se	ソ so
t-	タ ta	チ chi	ツ tsu	テ te	ト to
n-	ナ na	ニ ni	ヌ nu	ネ ne	ノ no
h-	ハ ha	ヒ hi	フ fu	ヘ he	ホ ho
m-	マ ma	ミ mi	ム mu	メ me	モ mo
y-	ヤ ya		ユ yu		ヨ yo
r-	ラ ra	リ ri	ル ru	レ re	ロ ro
w-	ワ wa				ヲ o
	ン n				

Diakritische Zeichen

Zwei kleine Striche rechts oberhalb der Kana ゛ machen **h** zu **b**, **t** zu **d**, **s** zu **z** und **k** zu **g**. Der Kringel ゜ rechts oberhalb macht **h** zu **p**:

	a	i	u	e	o
k- → g-	が / ガ **ga**	ぎ / ギ **gi**	ぐ / グ **gu**	げ / ゲ **ge**	ご / ゴ **go**
s- → z-	ざ / ザ **za**	じ / ジ **ji**	ず / ズ **zu**	ぜ / ゼ **ze**	ぞ / ゾ **zo**
t- → d-	だ / ダ **da**	ぢ / ヂ **ji**	づ / ヅ **zu**	で / デ **de**	ど / ド **do**
h- → b-	ば / バ **ba**	び / ビ **bi**	ぶ / ブ **bu**	べ / ベ **be**	ぼ / ボ **bo**
h- → p-	ぱ / パ **pa**	ぴ / ピ **pi**	ぷ / プ **pu**	ぺ / ペ **pe**	ぽ / ポ **po**

じ / ジ und ぢ / ヂ beziehungsweise ず / ズ und づ / ヅ werden gleich ausgesprochen. Die erstere Schreibweise kommt häufiger vor.

Gebrochene Laute

Die Silben, die auf **i** auslauten – also **ki**, **shi** etc. – bilden zusammen mit den Lauten, die auf **y** anfangen – also **ya**, **yu** oder **yo** – die sogenannten gebrochenen Laute. Die Silben für **ya, yu** bzw. **yo** werden kleiner geschrieben. Das **i** wird nicht mehr ausgesprochen und ist auch in der Umschrift nicht erhalten:

	+ や / ヤ **ya**	+ ゆ / ユ **yu**	+ よ / ヨ **yo**
き / キ **ki**	きゃ / キャ **kya**	きゅ / キュ **kyu**	きょ / キョ **kyo**
し / シ **shi**	しゃ / シャ **sha**	しゅ / シュ **shu**	しょ / ショ **sho**
ち / チ **chi**	ちゃ / チャ **cha**	ちゅ / チュ **chu**	ちょ / チョ **cho**
に / ニ **ni**	にゃ / ニャ **nya**	にゅ / ニュ **nyu**	にょ / ニョ **nyo**
ひ / ヒ **hi**	ひゃ / ヒャ **hya**	ひゅ / ヒュ **hyu**	ひょ / ヒョ **hyo**
み / ミ **mi**	みゃ / ミャ **mya**	みゅ / ミュ **myu**	みょ / ミョ **myo**
り / リ **ri**	りゃ / リャ **rya**	りゅ / リュ **ryu**	りょ / リョ **ryo**
ぎ / ギ **gi**	ぎゃ / ギャ **gya**	ぎゅ / ギュ **gyu**	ぎょ / ギョ **gyo**
じ / ジ **ji**	じゃ / ジャ **ja**	じゅ / ジュ **ju**	じょ / ジョ **jo**
び / ビ **bi**	びゃ / ビャ **bya**	びゅ / ビュ **byu**	びょ / ビョ **byo**
ぴ / ピ **pi**	ぴゃ / ピャ **pya**	ぴゅ / ピュ **pyu**	ぴょ / ピョ **pyo**

Doppelkonsonanten

Ein kleiner geschriebenes **tsu**, also っ bzw. ッ , zeigt an, dass der nachfolgende Konsonant verdoppelt wird. Doppelkonsonanten werden schärfer ausgesprochen als einfache Konsonanten. In der Umschrift wird der Konsonant verdoppelt:
まっすぐ **massugu** *geradeaus.*
Vor **ch** steht jedoch ein **t**: まっちゃ **matcha** *Grüntee.*

Langvokale

Im Japanischen gibt es kurze und lange Vokale. Lange Vokale werden doppelt so lange ausgesprochen wie kurze. Die Unterscheidung ist wichtig und führt zu unterschiedlichen Bedeutungen. In der Umschrift haben Langvokale einen Makron, einen Strich über dem Buchstaben. Ein langes **ē** wird jedoch häufig **ei** notiert.
きれい **kirei** *schön* wird also ausgesprochen wie **kirē**.

In Hiragana werden Langvokale wie folgt geschrieben:

Vokal	Schreibung	Beispiel
ā	+ あ **a**	おかあさん **okāsan** *Mutter*
ī	+ い **i**	おにいさん **onīsan** *älterer Bruder*
ū	+ う **u**	くうき **kūki** *Luft*
ē	+ い **i** + え **e** (seltener)	せんせい **sensei** sprich **sensē** *Lehrer/-in* おねえさん **onēsan** *ältere Schwester*
ō	+ う **u** + お **o** (seltener)	おとうさん **otōsan** *Vater* おおさか **Ōsaka** (Stadtname)

In der Katakana-Schreibung werden alle Langvokale durch einen folgenden Längungsstrich ー dargestellt: スーパー **sūpā** *Supermarkt.*

UMSCHRIFT & AUSSPRACHE

Die Aussprache des Japanischen ist ganz einfach, weil die Silben meistens aus einem Konsonanten und einem Vokal bestehen. Die Umschrift in lateinische Buchstaben wurde eigentlich für Personen mit Muttersprache Englisch entwickelt. Wenn man Deutsch als Muttersprache hat, muss man daher bei den folgenden Konsonanten aufpassen:

- **ch** wie engl. **ch** in *check-in*
- **j** wie engl. **j** in *jazz* oder *jungle*
- **y** wie engl. **y** in *yes*
- **z** wie engl. **z** in *zoom*

Ferner unterscheiden sich die folgenden Konsonanten und Vokale von den deutschen in der Art der Aussprache:

- **r** ist eine Mischung aus deutsch **l**, **r** und **d**.
- **f**: die Oberzähne und die Unterlippe berühren sich nicht.
- **h**: **hi** wird wie **chi** in dem Spitznamen *Michi* ausgesprochen

- **ei** stellt den Langvokal **e** dar und ist auszusprechen wie **e** in dt. *Beet*.
- **ie** ist auszusprechen wie zwei getrennte Vokale i + e
- **u** und **i** zwischen **k**, **s**, **t** und **h** bzw. nach diesen am Wortende werden oft verschluckt. です **desu** wird ausgesprochen wie **des**.

GRAMMATIK

Satzbau

Die Reihenfolge der Satzglieder im japanischen Satz ist Thema/Subjekt – Objekt – Prädikat. Auch im Fragesatz ändert sich die Reihenfolge nicht, es wird nur die Fragepartikel か **ka** an das Satzende angehängt. Wenn ein Satzglied aus dem Kontext bekannt ist, wird es im Japanischen gerne weggelassen.

Partikeln

Partikeln sind kleine Wörter, die hinter einem Substantiv stehen und anzeigen, welche Funktion es im Satz hat, ob es z. B. das Subjekt ist:

Partikel	Bedeutung/Funktion	Beispiel
は **wa**	Thema des Satzes/Gesprächs	私はフーバーと申します。 **Watashi wa Fūbā to mōshimasu.** *Ich heiße Huber.*
の **no**	Genitiv	フーバーさんの家 **Fūbā-san no ie** *das Haus von Frau Huber*
が **ga**	1. Subjekt	誰が来ますか。 **Dare ga kimasu ka.** *Wer kommt?*
	2. direktes Objekt bei Verben bzw. Adjektiven, für Vorlieben/Fähigkeiten	姉はお寿司が好きです。 **Ane wa o-sushi ga suki desu.** *Meine ältere Schwester mag Sushi.*

Partikel	Funktion	Beispiel
を **o**	1. direktes Objekt (wen oder was)	お寿司を食べました。 **O-sushi o tabemashita.** *Ich habe Sushi gegessen.*
	2. Weg einer Bewegung	母は階段を上がります。 **Haha wa kaidan o agarimasu.** *Meine Mutter geht die Treppe hoch.*
から **kara**	Anfangsort oder -zeit: *von, aus*	ドイツから来ました。 **Doitsu kara kimashita.** *Ich komme aus Deutschland.*
まで **made**	*bis*	1月まで日本にいます。 **Ichigatsu made Nihon ni imasu.** *Ich bleibe bis Januar in Japan.*
に **ni**	1. Indirektes Objekt	母は友達に会います。 **Haha wa tomodachi ni aimasu.** *Meine Mutter trifft Freunde.*
	2. Zielortangabe	母は東京に行きます。 **Haha wa Tōkyō ni ikimasu.** *Meine Mutter fährt nach Tokyo.*
	3. Ortsangabe bei den Verben **iru** und **aru** *sich befinden*	母は東京にいます。 **Haha wa Tōkyō ni imasu.** *Meine Mutter ist in Tokyo.*
	4. Zeitpunktangabe	1月に大阪に行きます。 **Ichigatsu ni Ōsaka ni ikimasu.** *Er fährt im Januar nach Ōsaka.*
で **de**	1. Ortsangabe von Handlungen	大阪で買い物をします。 **Ōsaka de kaimono o shimasu.** *In Osaka erledigt er Einkäufe.*
	2. Mittel	電車で行きます。 **Densha de ikimasu.** *Er fährt mit dem Zug.*
	3. Mengenbegrenzung	一人で行きます。 **Hitori de ikimasu.** *Er fährt allein.*
	4. Grund	奥さんは病気で行けません。 **Okusan wa byōki de ikemasen.** *Seine Frau kann wegen Krankheit nicht fahren.*

と **to**	1. *und*	日本とドイツ **Nihon to Doitsu** *Japan und Deutschland*
	2. Zitatpartikel vor Verben des Sagens/Denkens, wie deutsch *dass*	きれいだと思います。 **Kirei da to omoimasu.** *Ich denke, dass es schön ist.*
や **ya**	*und*; bei beispielhaften Aufzählungen	日本やドイツ **Nihon ya Doitsu** *Japan und Deutschland etc.*

Daneben gibt es noch Partikeln, die am Satzende stehen, wie z. B. die Fragepartikel か **ka** und ね **ne** *nicht wahr*. Andere, wie z.B. よ **yo**, dienen dazu, die Haltung des Sprechenden zum Gesagten (in dem Fall Nachdrücklichkeit) auszudrücken.

Zahlen

Es gibt zwei Zählweisen:

1. Die rein japanische Zählweise geht von 1-10.
2. Die chinesische Zählweise geht von 0- unendlich. Man verwendet die chinesischen Zahlen für Telefonnummern und beim Rechnen.

Um eine Mengenangabe zu machen, verwendet man meistens die chinesische Zahl und das passende Zähleinheitswort z. B. 枚 **-mai** für flache Gegenstände wie Briefmarken. Zahl und Zähleinheitswort verschmelzen oft, es kommt zu lautlichen Angleichungen. Im Satz steht die Mengenangabe meist hinter dem zu zählenden Substantiv + Partikel:

切符を３枚ください。 **Kippu o sanmai kudasai**. *Bitte 3 Fahrkarten!*

Höflichkeit

Höflichkeit wird am Prädikat ausgedrückt: Wenn man in der Familie oder mit guten Freunden redet, verwendet man die neutrale Form der Verben und Adjektive. Das ist die Form, wie die Verben und Adjektive in den Wortlisten stehen. Wenn man mit Bekannten, Unbekannten oder ranghöheren Personen redet, verwendet man den höflichen Stil: An Verben hängt man die Endung ます **-masu** (oder die verneinte bzw. vergangene Variante davon) an, an Adjektive です **desu** (oder eine Variante davon). Die Vorsilben お **o** bzw. ご **go** vor Adjektiven und Substantiven dienen auch dazu, Höflichkeit auszudrücken:

お元気 **o-genki** *das werte Befinden.*

Verben

Verben sind nicht auf die Person (*ich, du, er, ...*) markiert. 行く **iku** kann also *ich gehe, du gehst, er geht* etc. bedeuten. Höflichkeit, Verneinung, Vergangenheit werden ausgedrückt, indem man entsprechende Endungen an die Verben anhängt. Die Endungen können nicht einfach an das Verb angehängt werden: Es gibt zwei Klassen von Verben: die ru-Verben (Beispiel 寝る **neru** *schlafen*), die immer auf る **ru** enden und die u-Verben (Beispiel 行く **iku** *gehen*), die auf **u** auslauten. Hängt man eine Endung an, fällt bei den ru-Verben das **ru** meistens weg, bei den u-Verben ändert sich der letzte Vokal. する **suru** *machen* und 来る **kuru** *kommen* sind Ausnahmen. Sie gehören keiner der beiden Verbklassen an.

1. Endungen, bei denen bei den ru-Verben る **ru** wegfällt und bei den u-Verben **u** zu **i** wird:
   - ます **-masu**: höfliche Gegenwart, bejaht
     寝ます **nemasu** *ich schlafe*
     行きます **ikimasu** *ich gehe*
   - ました **-mashita**: höfliche Vergangenheit, bejaht
     寝ました **nemashita** *ich schlief*
     行きました **ikimashita** *ich ging*
   - ません **-masen**: höfliche Verneinung in der Gegenwart
     寝ません **nemasen** *ich schlafe nicht*
     行きません **ikimasen** *ich gehe nicht*
   - ませんでした **-masen deshita**: höfliche verneinte Vergangenheit
     寝ませんでした **nemasen deshita** *ich schlief nicht*
     行きませんでした **ikimasen deshita** *ich ging nicht*
   - ましょう **-mashō**: höfliche Aufforderung
     寝ましょう **nemashō** *lass uns schlafen*
     行きましょう **ikimashō** *lass uns gehen*
   - たい **-tai** *wollen*
     寝たい **netai** *ich will schlafen*
     行きたい **ikitai** *ich will gehen*

2. Endungen, bei denen bei den ru-Verben る **ru** wegfällt und bei den u-Verben **u** zu **a** wird:
   - ない **nai** neutrale Verneinung
     寝ない **nenai** *ich schlafe nicht*
     行かない **ikanai** *ich gehe nicht*
     Ausnahme: Verben auf う **u**. う **u** wird zu わ **wa:**
     買う **kau** *kaufen* → 買わない **kawanai** *ich kaufe nicht*

- なければなりません -**nakereba narimasen** *müssen*
  寝なければなりません **nenakereba narimasen** *ich muss schlafen;*
  行かなければなりません **ikanakereba narimasen** *ich muss gehen*

3. Endung, bei denen bei den ru-Verben る **ru** zu れ **re** wird und bei den u-Verben **u** zu **e** wird:
   - ば -**ba** *wenn*
     寝れば **nereba** *wenn ich schlafe*
     行けば **ikeba** *wenn ich gehe*

4. Die Endung て -**te** verwendet man, um Verben und Adjektive aufzuzählen: ご飯を食べて帰りました **gohan o tabete kaerimashita** *ich aß und ging dann nach Hause*. Die te-Form wird wie folgt gebildet:
   - ru-Verben: **ru** fällt weg, て **te** wird angehängt
     寝る neru *schlafen* → 寝て **nete**
   - Verben auf す **su**: す su wird zu し **shi** und て **te** wird angehängt
     話す **hanasu** *sprechen* → 話して **hanashite**
   - u-Verben auf る **ru**, つ **tsu** oder う **u** : die letzte Silbe fällt weg und って **tte** wird angehängt
     買う **kau** *kaufen* → 買って **katte**
   - Verben auf く **ku** oder ぐ **gu**: die letzte Silbe fällt weg und いて **ite** bzw. いで **ide** wird angehängt
     書く **kaku** *schreiben* → 書いて **kaite**
   - Verben auf む **mu**, ぶ **bu** oder ぬ **nu**: die letzte Silbe fällt weg und んで **nde** wird angehängt
     読む **yomu** *lesen* → 読んで **yonde**
   - **Die Ausnahmen:**
     する **suru** *machen* → して **shite**
     来る **kuru** *kommen* → きて **kite**
     行く **iku** *gehen* → 行って **itte**

Auch in den Konstruktionen てください -**te kudasai** *bitte...* und てもいいです **te mo ii desu** *dürfen* stehen die Verben in der te-Form.

Die Endung た -**ta** drückt neutrale Vergangenheit aus. Die ta-Form wird wie die te-Form gebildet.

Adjektive

i-Adjektive wie 大きい **ōkii** *groß* enden alle auf Hiragana い **-i**. Die na-Adjektive wie 元気 **genki** *gesund* nehmen な **na** zu sich, wenn sie vor einem Substantiv stehen: 元気な人 **genki na hito** *ein gesunder Mensch*. Bilden die Adjektive das Prädikat, können sie verneint oder in die Vergangenheit gesetzt werden.

i-Adjektive	bejaht	verneint
Gegenwart	大きいです **ōkii desu** *es ist groß*	大きくないです **ōkikunai desu** *es ist nicht groß*
Vergangenheit	大きかったです **ōkikatta desu** *es war groß*	大きくなかったです **ōkiku nakatta desu** *es war nicht groß*

です **desu** bedeutet *sein* und bildet mit den na-Adjektiven oder mit Substantiven zusammen das Prädikat. Sätze mit です **desu** sind im höflichen Stil:

na-Adjektive	bejaht	verneint
Gegenwart	元気です **genki desu** *ich bin gesund*	元気じゃないです **genki ja nai desu** *ich bin nicht gesund*
Vergangenheit	元気でした **genki deshita** *ich war gesund*	元気じゃなかったです **genki ja nakatta desu** *ich war nicht gesund*

です **desu** wird nur im höflichen Sprachstil verwendet. Im neutralen Sprachstil wird bei den i-Adjektiven です **desu** weggelassen:

i-Adjektive	bejaht	verneint
Gegenwart	大きい **ōkii** *es ist groß*	大きくない **ōkikunai** *es ist nicht groß*
Vergangenheit	大きかった **ōkikatta** *es war groß*	大きくなかった **ōkiku nakatta** *es war nicht groß*

Bei den na-Adjektiven und Substantiven verwendet man im neutralen Stil die neutrale Variante von です **desu**.

na-Adjektive	bejaht	verneint
Gegenwart	元気だ **genki da** *ich bin gesund*	元気じゃない **genki ja nai** *ich bin nicht gesund*
Vergangenheit	元気だった **genki datta** *ich war gesund*	元気じゃなかった **genki ja nakatta** *ich war nicht gesund*

i-Adjektive können zu Adverbien umgeformt werden, indem man い **i** durch く **ku** ersetzt.

大きくなりました。 **Ōkiku narimashita.** *Er ist groß geworden.*

Bei na-Adjektiven wird に **ni** angehängt.

元気になりました。 **Genki ni narimashita.** *Ich wurde gesund.*

Konjunktionen

Konjunktionen wie が **ga** *aber* zeigen an, dass der vorangehende Satz ein Nebensatz ist und einen Widerspruch, einen Grund, den Zweck, oder die zeitliche Einbettung etc. für den nachfolgenden Hauptsatz ausdrückt.

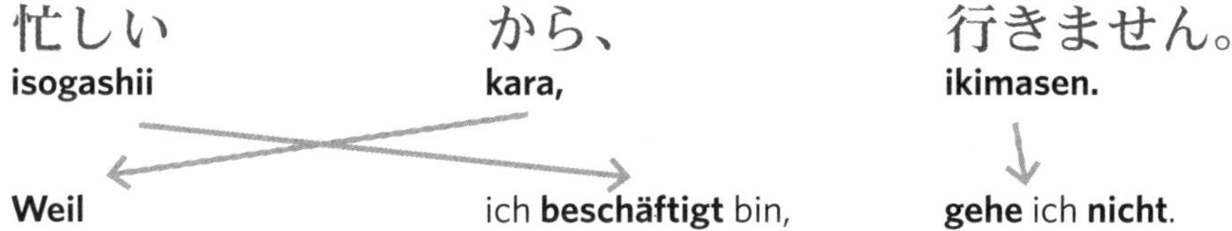

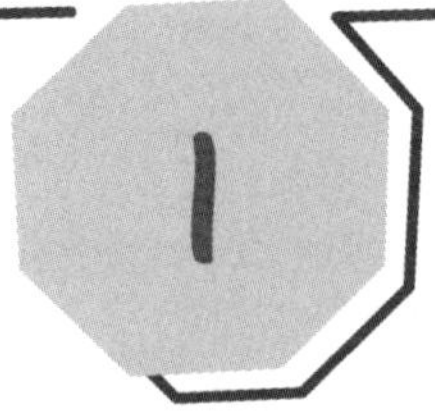

Sich kennenlernen

Diese 12 grundlegenden japanischen Wörter lernen Sie in dieser Lektion:

001

Kann ich			
○	こんにちは。	Konnichi wa.	*Guten Tag!*
○	申す	mōsu	*heißen*
○	ドイツ	Doitsu	*Deutschland*
○	来る	kuru	*kommen*
○	小さい	chiisai	*klein*
○	町	machi	*Stadt*
○	住んでいる	sunde iru	*wohnen*
○	日本語	Nihongo	*japanische Sprache*
○	少し	sukoshi	*ein bisschen*
○	分かる	wakaru	*verstehen*
○	よろしく	yoroshiku	*gewogen sein*
○	お願いします。	O-negai shimasu.	*Ich bitte Sie!*

LOS GEHT'S

1 Hören Sie sich die einzelnen Sätze mit den Lernwörtern genau an und lesen Sie mit.

002

 こんにちは。  フーバーと  申(もう)します。

Guten Tag! Ich **heiße** **Huber.**

> フーバー ist ein Eigenname. Die Partikel と steht nach dem Namen.

 ドイツから 来(き)ました。

Ich **komme** **aus Deutschland.**

> Die Partikel から bedeutet „aus"; 来ました ist die Vergangenheit von 来る „kommen".

 小(ちい)さい町(まち)に 住(す)んでいます。

Ich **wohne** in einer **kleinen Stadt.**

> Die Partikel に steht nach Ortsangaben.

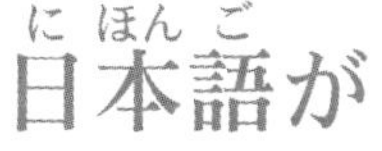 日本語(にほんご)が 少(すこ)し 分(わ)かります。

Ich **verstehe** **ein wenig** **Japanisch.**

> Die Partikel が markiert hier das direkte Objekt, wen oder was?

よろしく お願(ねが)いします。

Ich **bitte** um **Ihr Wohlwollen.**

VERWANDTE WÖRTER

1 Hören Sie sich folgende Wörter an und lesen Sie mit.

こんにちは。 Konnichi wa.	**Guten Tag!**	はじめまして。 Hajimemashite.	**Freut mich, Sie kennenzulernen.**
申す mōsu	**heißen**	です desu	**sein**
ドイツ Doitsu	**Deutschland**	スイス Suisu	**Schweiz**
		オーストリア Ōsutoria	**Österreich**
		日本 Nihon	**Japan**
		アメリカ Amerika	**USA, Amerika**
来る kuru	**kommen**	行く iku	**gehen**
小さい chiisai	**klein**	大きい ōkii	**groß**
		古い furui	**alt**
町 machi	**Stadt**	大都市 daitoshi	**Großstadt**
		村 mura	**Dorf**
		田舎 inaka	**Land, ländliche Gegend**

住んでいる sunde iru	**wohnen**	暮らしている kurashite iru	**leben**
日本語 Nihongo	**Japanisch**	ドイツ語 Doitsugo	**Deutsch**
		英語 Eigo	**Englisch**
少し sukoshi	**ein bisschen**	ちょっと chotto	**ein bisschen**
		だいたい daitai	**im Großen und Ganzen**
		よく yoku	**gut**
		全然 zenzen	**überhaupt (nicht)**
		あまり amari	**(nicht) besonders**
分かる wakaru	**verstehen**	話す hanasu	**sprechen**
		できる dekiru	**können**
		知っている shitte iru	**kennen**
		分かりません。 Wakarimasen.	**Ich verstehe (das) nicht. Ich weiß das nicht.**

ÜBEN

1 Verbinden Sie die passenden Wörter.

1. 分かる wakaru	a) sprechen
2. 住んでいる sunde iru	b) wohnen
3. 来る kuru → d)	c) heißen
4. 申す mōsu	d) kommen
5. 話す hanasu	e) verstehen

2 Ergänzen Sie die fehlenden Wörter.

1. ______________ を話(はな)します。	Ich spreche Japanisch.
2. 日本(にほん)から ______________ 。	Ich komme aus Japan.
3. よろしく ______________ 。	Ich bitte um Ihr Wohlwollen!
4. 大(おお)きい町(まち)に ______________ 。	Ich wohne in einer großen Stadt.
5. 英語(えいご)が ______________ 分(わ)かります。	Ich verstehe etwas Englisch.
6. ドイツ語(ご)があまり ______________ 。	Ich verstehe Deutsch nicht besonders.
7. フーバーと ______________ 。	Ich heiße Huber.
8. ______________ 。	Freut mich, Sie kennenzulernen.

WIEDERHOLUNG

3 Lesen Sie jetzt den kleinen Text vom Beginn der Lektion nun komplett auf Japanisch.

1. こんにちは。フーバーと　申(もう)します。
2. ドイツから　来(き)ました。
3. 小(ちい)さい町(まち)に　住(す)んでいます。
4. 日本語(にほんご)が　少(すこ)し　分(わ)かります。
5. よろしく　お願(ねが)いします。

4 Übersetzen Sie die Sätze ins Deutsche.

1. ______________________________
2. ______________________________
3. ______________________________
4. ______________________________
5. ______________________________

5 Jetzt können Sie auf der ersten Seite der Lektion alle Wörter, die Sie gelernt haben, abhaken.

2

SMALL TALK

Diese 11 grundlegenden japanischen Wörter lernen Sie in dieser Lektion:

004

✓ **Kann ich**			
○	～さん	-san	*Herr/Frau …*
○	おはようございます。	Ohayō gozaimasu.	*Guten Morgen!*
○	元気（な）	genki (na)	*gesund, munter*
○	ええ	ee	*ja*
○	どうも	dōmo	*viel, sehr*
○	ありがとう	arigatō	*danke*
○	いい	ii	*gut*
○	天気	tenki	*Wetter*
○	それでは	sore dewa	*ja dann*
○	また	mata	*wieder*
○	今度	kondo	*das nächste Mal*

LOS GEHT'S

1 Hören Sie sich die einzelnen Sätze mit den Lernwörtern genau an und lesen Sie mit.

005

フーバーさん、おはようございます。

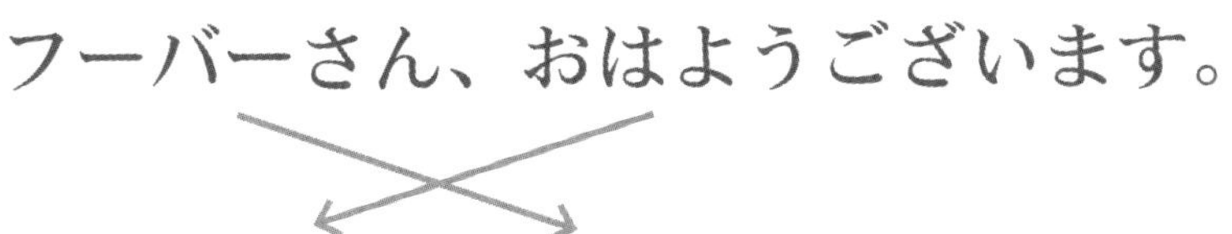

Guten Morgen, **Frau Huber!**

お元気（げんき） ですか。

Geht es **Ihnen gut?**

お ist eine Vorsilbe der Höflichkeit.

ええ。 元気（げんき）です。 どうもありがとう。

Ja. Mir **geht es gut.** **Danke sehr!**

Mit der Partikel ね am Satzende bittet der Sprecher um Zustimmung.

いい お天気（てんき） です ね。

Es **ist** **gutes** **Wetter,** **nicht wahr?**

それでは、 また 今度（こんど）。

Ja, dann **wieder** bis zum **nächsten Mal.**

VERWANDTE WÖRTER

❶ Hören Sie sich folgende Wörter an und lesen Sie mit.

～さん -san	**Herr/Frau ...**	～様 -sama	**Herr/Frau ... (höflich)**
おはようございます。 Ohayō gozaimasu.	**Guten Morgen!**	こんばんは。 Konban wa.	**Guten Abend!**
		お久しぶりです。 O-hisashiburi desu.	**Lange nicht gesehen.**
		お休みなさい。 O-yasumi nasai.	**Gute Nacht!**
元気（な） genki (na)	**gesund, munter**	忙しい isogashii	**beschäftigt**
		暇（な） hima (na)	**wenig zu tun haben, frei sein**
ええ ee	**ja**	はい hai	**ja (formal)**
		うん un	**ja (ugs.)**
		いいえ iie	**nein (formal)**
		ううん uun	**nein (ugs.)**

ありがとう arigatō	**danke**	どうもありがとうございます。 Dōmo arigatō gozaimasu.	**Vielen herzlichen Dank!**
		どうも。 Dōmo.	**Danke (ugs.)**
いい ii	**gut**	悪い warui	**schlecht**
		寒い samui	**kalt**
それでは sore dewa	**ja dann**	じゃ ja	**ja dann (ugs.)**
今度 kondo	**das nächste Mal**	今回 konkai	**dieses Mal**
		この間 kono aida	**das letzte Mal**
		後で ato de	**später**
		あした ashita	**morgen**
		あさって asatte	**übermorgen**
		来週 raishū	**nächste Woche**
		来月 raigetsu	**nächsten Monat**
		来年 rainen	**nächstes Jahr**

ÜBEN

1 Verbinden Sie die passenden Wörter.

1. 元気 genki	a) gutes Wetter
2. 寒い samui	b) kalt
3. 忙しい isogashii	c) gesund, munter
4. いいお天気 ii o-tenki	d) schlecht
5. 悪い warui	e) beschäftigt

2 Welches Wort passt nicht in die Reihe?

1. a) あした b) ありがとう c) あさって d) らいしゅう
2. a) はい b) ええ c) ううん d) うん

3 Ergänzen Sie die fehlenden Wörter.

1. ______ お天気(てんき)ですね。	Es ist gutes Wetter, nicht wahr?
2. ______ です。	Mir geht es gut.
3. ______。	Guten Abend!
4. あした ______ ですか。	Sind Sie morgen beschäftigt?
5. また ______。	Bis nächste Woche!
6. どうも ______ ございます。	Vielen herzlichen Dank!

WIEDERHOLUNG

4 Lesen Sie jetzt den kleinen Text vom Beginn der Lektion nun komplett auf Japanisch.

1. フーバーさん、おはようございます。
2. お元気(げんき)ですか。
3. ええ。元気(げんき)です。どうも ありがとう。
4. いいお天気(てんき)ですね。
5. それでは、また今度(こんど)。

5 Übersetzen Sie die Sätze ins Deutsche.

1. ______________________________
2. ______________________________
3. ______________________________
4. ______________________________
5. ______________________________

6 Jetzt können Sie auf der ersten Seite der Lektion alle Wörter, die Sie gelernt haben, abhaken.

ZAHLEN UND MENGEN

Diese 11 grundlegenden japanischen Wörter lernen Sie in dieser Lektion:

Kann ich			
○	切手	kitte	*Briefmarke*
○	一	ichi	*eins*
○	～枚	-mai	*Zähleinheitswort (ZEW) für flache Gegenstände*
○	買う	kau	*kaufen*
○	ボールペン	bōrupen	*Kugelschreiber*
○	～本	-hon/-bon/-pon	*ZEW für lange, dünne Gegenstände*
○	ケーキ	kēki	*Kuchen*
○	～個	-ko	*ZEW für kleine, kompakte Dinge*
○	犬	inu	*Hund*
○	～匹	-hiki/-biki/-piki	*ZEW für kleine Tiere*
○	いる	iru	*sich befinden, da sein*

LOS GEHT'S

1 Hören Sie sich die einzelnen Sätze mit den Lernwörtern genau an und lesen Sie mit.

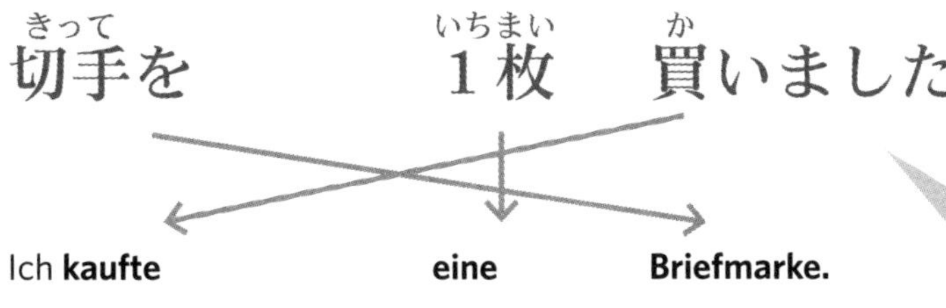

ました ist die Vergangenheitsform der Endung ます.

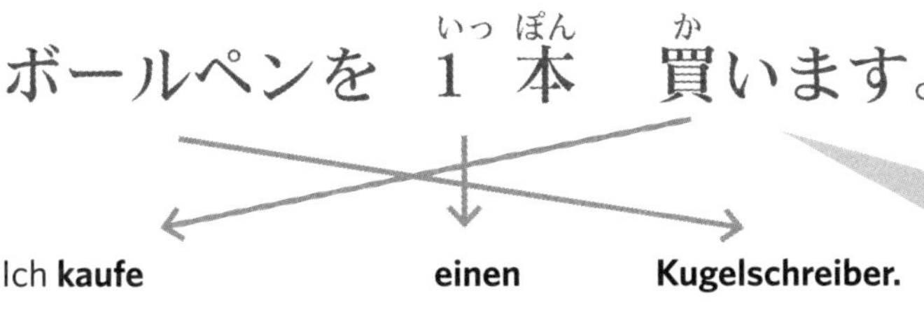

いち „eins" und das ZEW ほん für lange dünne Objekte sind hier lautlich verschmolzen.

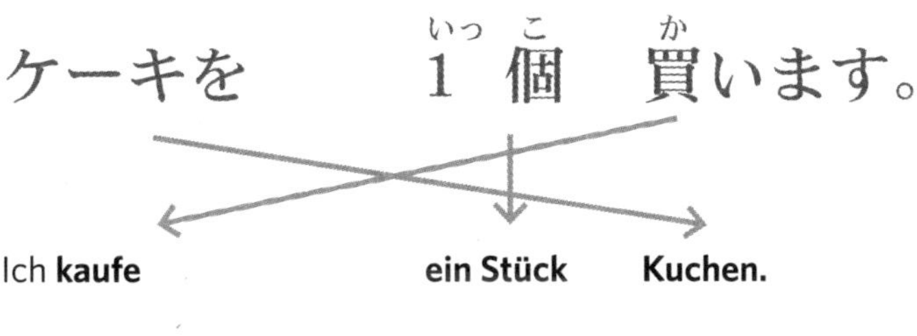

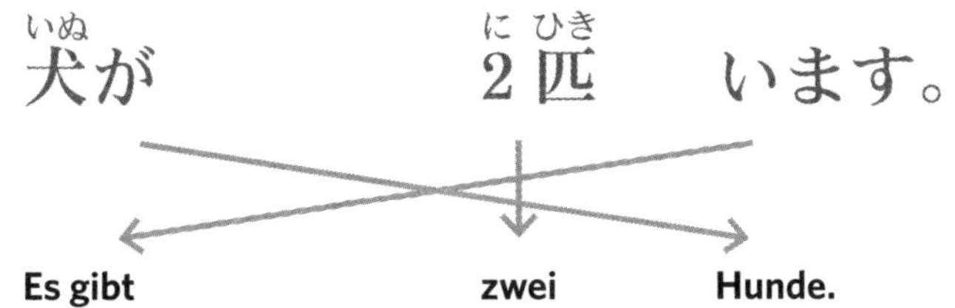

VERWANDTE WÖRTER

1 Hören Sie sich folgende Wörter an und lesen Sie mit. 009

切手 kitte	**Briefmarke**	はがき hagaki	**Postkarte**
買う kau	**kaufen**	売る uru	**verkaufen**
ボールペン bōrupen	**Kugelschreiber**	鉛筆 enpitsu	**Bleistift**
犬 inu	**Hund**	猫 neko	**Katze**
		鳥 tori	**Vogel**
～匹 -hiki/-biki/-piki	**ZEW für kleine Tiere**	～羽 -wa	**ZEW für Vögel**
		～台 -dai	**ZEW für elektrische Gegenstände und Autos**
		～冊 -satsu	**ZEW für Bücher**
		たくさん takusan	**viel, viele**
いる iru	**sich befinden, da sein**	ある aru	**sich befinden, es gibt (Dinge, Pflanzen)**

❷ Hören Sie sich folgenden Zahlen an und lesen Sie mit.

		4	四 shi / yon	8	八 hachi
1	一 ichi	5	五 go	9	九 kyū / ku
2	二 ni	6	六 roku	10	十 jū
3	三 san	7	七 shichi / nana	20	二十 nijū

❸ Hören Sie sich folgenden Mengenangaben für lange, dünne Gegenstände an und lesen Sie mit.

?	何本 nanbon	4	四本 yonhon	8	八本 happon
1	一本 ippon	5	五本 gohon	9	九本 kyūhon
2	二本 nihon	6	六本 roppon	10	十本 juppon
3	三本 sanbon	7	七本 nanahon	20	二十本 nijuppon

❹ Hören Sie sich folgenden Mengenangaben für kleine Gegenstände an und lesen Sie mit.

?	何個 nanko	2	二個 niko	5	五個 goko
1	一個 ikko	3	三個 sanko	10	十個 jukko

ÜBEN

1 Verbinden Sie die passenden Wörter.

1. ケーキ kēki	a) ２匹 nihiki
2. 切符 kippu	b) ５枚 gomai
3. 鳥 tori	c) ２羽 niwa
4. 鉛筆 enpitsu	d) １個 ikko
5. 猫 neko	e) ５本 gohon

2 Ergänzen Sie die fehlenden Wörter.

1. 鉛筆(えんぴつ)を１本(いっぽん) ＿＿＿＿＿＿＿＿＿＿。	Ich kaufe einen Bleistift.
2. フーバーさんは ＿＿＿＿＿＿＿＿ か。	Ist Herr Huber da?
3. 切手(きって)が ＿＿＿＿＿＿＿＿＿＿＿＿ か。	Gibt es Briefmarken? / Haben Sie Briefmarken?
4. ボールペンは ＿＿＿＿＿＿ ありますか。	Wie viele Kugelschreiber sind da?
5. フーバーさんは切手(きって)を ＿＿＿＿＿＿ 買(か)いました。	Frau Huber kaufte drei Briefmarken.
6. ＿＿＿＿＿＿＿＿＿ は２匹(にひき)います。	Es gibt zwei Katzen. / Ich habe zwei Katzen.
7. 田舎(いなか)には犬(いぬ)が ＿＿＿＿＿＿＿ います。	Auf dem Land gibt es viele Hunde.
8. ケーキを ＿＿＿＿＿＿＿ 買(か)いました。	Ich habe 10 Stück Kuchen gekauft.

WIEDERHOLUNG

❸ Lesen Sie jetzt den kleinen Text vom Beginn der Lektion nun komplett auf Japanisch.

1. 切手(きって)を　1枚(いちまい)　買(か)いました。

2. ボールペンを　1本(いっぽん)　買(か)います。

3. ケーキを　1個(いっこ)　買(か)います。

4. 犬(いぬ)が　2匹(にひき)　います。

❹ Übersetzen Sie die Sätze ins Deutsche.

1. ______________________________

2. ______________________________

3. ______________________________

4. ______________________________

❺ Jetzt können Sie auf der ersten Seite der Lektion alle Wörter, die Sie gelernt haben, abhaken.

UHRZEIT UND KALENDER

Diese 11 grundlegenden japanischen Wörter lernen Sie in dieser Lektion:

✓ Kann ich			
○	誕生日	tanjōbi	*Geburtstag*
○	いつ	itsu	*wann*
○	1月1日	ichigatsu tsuitachi	*1. Januar*
○	すみません。	Sumimasen.	*Entschuldigung!*
○	今	ima	*jetzt*
○	何時	nanji	*wie viel Uhr*
○	もう	mō	*schon*
○	午後	gogo	*Nachmittag*
○	3時	sanji	*3 Uhr*
○	半	han	*30 Minuten nach*
○	会議	kaigi	*Meeting, Besprechung*

LOS GEHT'S

1 Hören Sie sich die einzelnen Sätze mit den Lernwörtern genau an und lesen Sie mit.

誕生日（たんじょうび）は　いつ　ですか。

Wann **ist** Ihr **Geburtstag?**

1（いち）月（がつ）1（つい）日（たち）　です。

Er **ist** am **1. Januar.**

が bedeutet „aber".

すみませんが、　今（いま）　何時（なんじ）　ですか。

Entschuldigung, aber **wie viel Uhr** **ist** es **jetzt?**

もう　午後（ごご）3（さん）時半（じはん）　です。

Es **ist** **schon** **halb vier nachmittags.**

から bedeutet „von", まで „bis".

会議（かいぎ）は　4（よ）時（じ）から5（ご）時（じ）まで　です。

Die **Besprechung** **ist** **von 4 bis 5 Uhr.**

VERWANDTE WÖRTER

❶ Hören Sie sich folgende Wörter an und lesen Sie mit. 015

誕生日 tanjōbi	**Geburtstag**	パーティー pātī	**Party**
今 ima	**jetzt**	きょう kyō	**heute**
何時 nanji	**wie viel Uhr**	何月 nangatsu	**welcher Monat**
		何日 nannichi	**welcher Tag**
		何曜日 nan'yōbi	**welcher Wochentag**
午後 gogo	**Nachmittag**	午前 gozen	**Vormittag**
		朝 asa	**Morgen**
		昼 hiru	**Mittag**
		夕方 yūgata	**Spätnachmittag**
		晩 ban	**Abend**
		夜 yoru	**Nacht**
もう mō	**schon**	まだ mada	**noch, erst**

016

2 Hören Sie die Monatsnamen an und lesen Sie mit.

1	一月 ichigatsu	5	五月 gogatsu	9	九月 kugatsu
2	二月 nigatsu	6	六月 rokugatsu	10	十月 jūgatsu
3	三月 sangatsu	7	七月 shichigatsu	11	十一月 jūichigatsu
4	四月 shigatsu	8	八月 hachigatsu	12	十二月 jūnigatsu

017

3 Hören Sie die Uhrzeiten an und lesen Sie mit.

1	1時 ichiji	5	5時 goji	9	9時 kuji
2	2時 niji	6	6時 rokuji	10	10時 jūji
3	3時 sanji	7	7時 shichiji	11	11時 jūichiji
4	4時 yoji	8	8時 hachiji	12	12時 jūniji

018

4 Hören Sie die Tageszählungen an und lesen Sie mit.

2	2日 futsuka	5	5日 itsuka	8	8日 yōka
3	3日 mikka	6	6日 muika	9	9日 kokonoka
4	4日 yokka	7	7日 nanoka	10	10日 tōka

ÜBEN

❶ Verbinden Sie die passenden Wörter.

1. 1 時半 ichiji han — a) 8 Uhr
2. 1 時 ichiji — b) halb 2
3. 12 時半 jūniji han — c) 7 Uhr
4. 7 時 shichiji — d) halb 1
5. 8 時 hachiji — e) 1 Uhr

❷ Ergänzen Sie die fehlenden Wörter.

1. すみませんが、__________ は何日(なんにち)ですか。 Entschuldigen Sie, den wievielten haben wir heute?
2. パーティーは __________ からですか。 Ab wie viel Uhr ist die Party?
3. あした、__________ ですね。 Morgen ist Ihr Geburtstag, nicht wahr?
4. __________ 9 時(くじ)です。 Es ist jetzt 9 Uhr.
5. フーバーさんは __________ 来(き)ますか。 Wann kommt Frau Huber?
6. 会議(かいぎ)は __________ 8 時(はちじ)からです。 Das Meeting ist ab 8 Uhr vormittags.
7. __________ 3 時(さんじ)はどうですか。 Wie ist es mit 3 Uhr nachmittags?
8. __________ から __________ まで。 Von Januar bis April.

WIEDERHOLUNG

3 Lesen Sie jetzt den kleinen Text vom Beginn der Lektion nun komplett auf Japanisch.

1. 誕生日(たんじょうび)は　いつですか。
2. 1(いち)月(がつ)1(つい)日(たち)です。
3. すみませんが、今(いま)　何時(なんじ)ですか。
4. もう　午後(ごご)　3(さん)時半(じはん)です。
5. 会議(かいぎ)は　4(よ)時(じ)から　5(ご)時(じ)まででです。

4 Übersetzen Sie die Sätze ins Deutsche.

1. ______________________________
2. ______________________________
3. ______________________________
4. ______________________________
5. ______________________________

5 Jetzt können Sie auf der ersten Seite der Lektion alle Wörter, die Sie gelernt haben, abhaken.

5

SICH VERABREDEN

Diese 10 grundlegenden japanischen Wörter lernen Sie in dieser Lektion:

019

Kann ich			
○	週末	shūmatsu	*Wochenende*
○	時間	jikan	*Zeit*
○	ある	aru	*haben, existieren*
○	一緒に	issho ni	*zusammen*
○	映画	eiga	*Film*
○	見る	miru	*sehen, anschauen*
○	おもしろい	omoshiroi	*interessant*
○	やっている	yatte iru	*laufen, veranstalten*
○	どこ	doko	*wo*
○	会う	au	*treffen*

LOS GEHT'S

1 Hören Sie sich die einzelnen Sätze mit den Lernwörtern genau an und lesen Sie mit.

週末(しゅうまつ)に 時間(じかん)が ありますか。

Haben Sie **am Wochenende** **Zeit?**

Die Partikel に steht nach Zeitangaben.

一緒(いっしょ)に 映画(えいが)を 見(み)に 行(い)きませんか。

Wollen wir **zusammen** einen **Film** **anschauen** **gehen?**

おもしろい 映画(えいが)を やっていますよ。

Es **läuft** ein **spannender** **Film**.

ましょう ist die Aufforderungsform von ます und bedeutet „lass uns".

どこで 会(あ)いましょうか。

Wo **sollen** wir uns **treffen?**

VERWANDTE WÖRTER

1 Hören Sie sich folgende Wörter an und lesen Sie mit.

週末 shūmatsu	**Wochenende**	月曜日 getsuyōbi	**Montag**
		火曜日 kayōbi	**Dienstag**
		水曜日 suiyōbi	**Mittwoch**
		木曜日 mokuyōbi	**Donnerstag**
		金曜日 kin'yōbi	**Freitag**
		土曜日 doyōbi	**Samstag**
		日曜日 nichiyōbi	**Sonntag**
一緒に issho ni	**zusammen**	一人で hitori de	**alleine**
映画 eiga	**Film**	コンサート konsāto	**Konzert**
		展示会 tenjikai	**Ausstellung**
		美術館 bijutsukan	**Kunstmuseum**

		レストラン resutoran	**Restaurant**
		カフェ kafe	**Café**
見に行く mi ni iku	**anschauen gehen**	飲みに行く nomi ni iku	**etwas trinken gehen**
		食べに行く tabe ni iku	**etwas essen gehen**
おもしろい omoshiroi	**interessant**	つまらない tsumaranai	**langweilig**
		楽しそう（な） tanoshisō (na)	**lustig**
		怖い kowai	**furchteinflößend, gruselig**
		新しい atarashii	**neu**
		おいしい oishii	**lecker, gut (Restaurant)**
		有名（な） yūmei (na)	**berühmt**
		珍しい mezurashii	**selten**

ÜBEN

1 Welche Adjektive verbergen sich in dieser Buchstabenschlange?

お　も　し　ろ　い　あ　た　ら　し　い　つ　ま
ら　な　い　お　い　し　い　た　の　し　そ　う
こ　わ　い　め　ず　ら　し　い　ゆ　う　め　い

2 Ergänzen Sie die fehlenden Wörter.

1. ____________ に時間（じかん）がありますか。	Haben Sie am Wochenende Zeit?
2. あした ________________ か。	Wollen wir uns morgen treffen?
3. ____________ 会（あ）いましょうか。	Wann sollen wir uns treffen?
4. 日曜日（にちようび）に ____________ を見（み）に行（い）きます。	Am Sonntag gehe ich einen Film anschauen.
5. ____________ に飲（の）みに行（い）きませんか。	Wollen wir zusammen etwas trinken gehen?
6. おいしい ____________ を知（し）っています。	Ich kenne ein gutes Restaurant.
7. ____________ 映画（えいが）をやっています。	Es läuft ein neuer Film.
8. すみませんが、____________ がありません。	Entschuldigung, aber ich habe keine Zeit.

WIEDERHOLUNG

3 Lesen Sie jetzt den kleinen Text vom Beginn der Lektion nun komplett auf Japanisch.

1. 週末(しゅうまつ)に　時間(じかん)が　ありますか。
2. 一緒(いっしょ)に　映画(えいが)を　見(み)に　行(い)きませんか。
3. おもしろい映画(えいが)を　やっていますよ。
4. どこで　会(あ)いましょうか。

4 Übersetzen Sie die Sätze ins Deutsche.

1. ____________________
2. ____________________
3. ____________________
4. ____________________

5 Jetzt können Sie auf der ersten Seite der Lektion alle Wörter, die Sie gelernt haben, abhaken.

6

NACH DEM WEG FRAGEN

Diese 10 grundlegenden japanischen Wörter lernen Sie in dieser Lektion:

022

Kann ich			
○	郵便局	yūbinkyoku	*Postamt*
○	ここ	koko	*hier*
○	まっすぐ	massugu	*geradeaus*
○	–てください。	-te kudasai.	*Bitte ... Sie!*
○	信号	shingō	*Ampel*
○	右	migi	*rechts*
○	曲がる	magaru	*abbiegen*
○	5 分	gofun	*fünf Minuten*
○	ぐらい	gurai	*ungefähr*
○	かかる	kakaru	*es dauert*

LOS GEHT'S

1 Hören Sie sich die einzelnen Sätze mit den Lernwörtern genau an und lesen Sie mit.

郵便局(ゆうびんきょく)は どこ ですか。

Wo **ist** das **Postamt**?

> 行って ist die te-Form von 行く.

ここを まっすぐ 行(い)ってください。

Gehen Sie **bitte** **hier** **geradeaus**.

> Die Partikel を markiert hier den Weg der Bewegung.

信号(しんごう)を 右(みぎ)に 曲(ま)がります。

An der **Ampel** **biegen** Sie **nach rechts** **ab**.

郵便局(ゆうびんきょく)は カフェの 右(みぎ)に あります。

Das **Postamt** **ist** **rechts** **vom Café**.

ここから 5分(ごふん) ぐらい かかります。

Von hier aus **dauert** es **ungefähr** **fünf Minuten**.

VERWANDTE WÖRTER

❶ Hören Sie sich folgende Wörter an und lesen Sie mit.

024

ここ koko	**hier**	そこ soko	**da**
		あそこ asoko	**dort drüben**
信号 shingō	**Ampel**	交差点 kōsaten	**Kreuzung**
		角 kado	**Ecke**
		道 michi	**Weg**
		道路 dōro	**Straße**
		横断歩道 ōdan hodō	**Fußgängerüberweg, Zebrastreifen**
		橋 hashi	**Brücke**
曲がる magaru	**abbiegen**	渡る wataru	**überqueren**
		進む susumu	**vorwärts gehen, vorangehen**
右 migi	**rechts**	左 hidari	**links**
		隣 tonari	**neben**

前 mae	**vor, vorne**
後ろ ushiro	**hinter, hinten**
向かい mukai	**gegenüber**
上 ue	**auf, über, oben**
下 shita	**unter, unten**
中 naka	**in, drinnen**
外 soto	**außen, außerhalb, draußen**

025

2 Hören Sie die Minutenangaben an und lesen Sie mit.

1	1分 ippun	5	5分 gofun	9	9分 kyūfun
2	2分 nifun	6	6分 roppun	10	10分 juppun
3	3分 sanpun	7	7分 nanafun	15	15分 jūgofun
4	4分 yonpun	8	8分 happun	30	30分 sanjuppun

026

3 Hören Sie die Stundenangaben an und lesen Sie mit.

1	1時間 ichijikan	2	2時間 nijikan	3	3時間 sanjikan

ÜBEN

1 Verbinden Sie die passenden Wörter.

1. 上 ue	a) außen
2. 外 soto	b) innen
3. 右 migi	c) oben
4. 中 naka	d) unten
5. 前 mae	e) vorne
6. 左 hidari	f) rechts
7. 下 shita	g) links
8. 後ろ ushiro	h) hinten

2 Ergänzen Sie die fehlenden Wörter.

1. 美術館（びじゅつかん）は ______________ ですか。	Wo ist das Kunstmuseum?
2. あそこに ______________ があります。	Dort drüben ist eine Ampel.
3. レストランの ______________ に カフェがあります。	Neben dem Restaurant gibt es ein Café.
4. ここを ______________ 行（い）ってください。	Gehen Sie bitte hier geradeaus!
5. ここから ______________ ぐらい かかります。	Es ist ungefähr 10 Minuten von hier.
6. 橋（はし）を ______________ 。	Ich überquere die Brücke.

WIEDERHOLUNG

3 Lesen Sie jetzt den kleinen Text vom Beginn der Lektion nun komplett auf Japanisch.

1. 郵便局(ゆうびんきょく)は　どこですか。
2. ここを　まっすぐ　行(い)ってください。
3. 信号(しんごう)を　右(みぎ)に　曲(ま)がります。
4. 郵便局(ゆうびんきょく)は　カフェの右(みぎ)に　あります。
5. ここから　5分(ごふん)ぐらい　かかります。

4 Übersetzen Sie die Sätze ins Deutsche.

1. ______________________________
2. ______________________________
3. ______________________________
4. ______________________________
5. ______________________________

5 Jetzt können Sie auf der ersten Seite der Lektion alle Wörter, die Sie gelernt haben, abhaken.

Sich in einer Stadt zurechtfinden

Diese 10 grundlegenden japanischen Wörter lernen Sie in dieser Lektion:

027

Kann ich			
○	城	shiro	*Schloss, Burg*
○	どう	dō	*wie*
○	～ばいい	-ba ii	*sollen*
○	遠い	tōi	*fern, weit*
○	歩いて	aruite	*zu Fuß*
○	行ける	ikeru	*gehen können*
○	タクシー	takushī	*Taxi*
○	～たほうがいい	-ta hōga ii	*sollten besser*
○	バス	basu	*Bus*
○	速い	hayai	*schnell*

LOS GEHT'S

1 Hören Sie sich die einzelnen Sätze mit den Lernwörtern genau an und lesen Sie mit.

028

お城(しろ)へは　どう　行(い)けば　いいですか。

Wie **geht** man denn am **besten** **zum Schloss**?

ば bedeutet „wenn" und wird an die e-Stufe der Verben angehängt.

お城(しろ)は　ここから　遠(とお)いです。

Das **Schloss** **ist weit** **von hier**.

お城(しろ)まで　歩(ある)いて　行(い)けますか。

Kann man **zum Schloss** **zu Fuß** **gehen?**

タクシーで　行(い)った　ほうがいいです。

Sie **sollten besser** **mit** dem **Taxi** **fahren**.

た ist die Endung der Vergangenheit.

タクシーは　バスより　速(はや)いです。

Ein **Taxi** **ist schneller** **als** der **Bus**.

VERWANDTE WÖRTER

1 Hören Sie sich folgende Wörter an und lesen Sie mit. 029

城 shiro	**Schloss, Burg**
公園 kōen	**Park, Spielplatz**
寺 tera	**buddhistischer Tempel**
神社 jinja	**Shinto-Schrein**
博物館 hakubutsukan	**Museum**
図書館 toshokan	**Bibliothek**
プール pūru	**Schwimmbad**
店 mise	**Laden, Geschäft**
本屋 hon'ya	**Buchladen**
花屋 hanaya	**Blumengeschäft**
デパート depāto	**Kaufhaus**
銀行 ginkō	**Bank**
市役所 shiyakusho	**Rathaus**

		交番 kōban	**Polizeiwache**
		観光案内所 kankō annaijo	**Touristinformation**
		バス停 basutei	**Bushaltestelle**
		駐車場 chūshajō	**Parkplatz**
		駐輪場 chūrinjō	**Fahrradabstellplatz**
どう dō	**wie**	どうやって dō yatte	**wie (Frage nach der Methode)**
		何で nande	**womit**
遠い tōi	**fern, weit**	近い chikai	**nah**
バス basu	**Bus**	路面電車 romen densha	**Straßenbahn**
		トラム toramu	**Straßenbahn**
速い hayai	**schnell**	遅い osoi	**langsam, spät**
		便利（な） benri (na)	**praktisch**
		不便（な） fuben (na)	**unpraktisch**

ÜBEN

1 Verbinden Sie die passenden Wörter.

1. 図書館 toshokan — a) Schloss
2. プール pūru — b) Parkplatz
3. 城 shiro — c) Kaufhaus
4. 公園 kōen — d) Schwimmbad
5. デパート depāto — e) Bibliothek
6. 駐車場 chūshajō — f) Park

2 Ergänzen Sie die fehlenden Wörter.

1. ________ へはどう行（い）けばいいですか。 Wie geht man denn am besten zum Park?
2. 図書館（としょかん）は ________ です。 Die Bibliothek ist nah.
3. ここから ________ 行（い）けます。 Man kann von hier aus zu Fuß gehen.
4. ________ で行（い）ったほうがいいです。 Sie sollten besser mit dem Bus fahren.
5. タクシーは路面（ろめん）電車（でんしゃ）より ________ です。 Ein Taxi ist schneller als die Straßenbahn.

WIEDERHOLUNG

3 Lesen Sie jetzt den kleinen Text vom Beginn der Lektion nun komplett auf Japanisch.

1. お城(しろ)へは　どう　行(い)けば　いいですか。

2. お城(しろ)は　ここから　遠(とお)いです。

3. お城(しろ)まで　歩(ある)いて　行(い)けますか。

4. タクシーで　行(い)ったほうが　いいです。

5. タクシーは　バスより　速(はや)いです。

4 Übersetzen Sie die Sätze ins Deutsche.

1. ______________________________

2. ______________________________

3. ______________________________

4. ______________________________

5. ______________________________

5 Jetzt können Sie auf der ersten Seite der Lektion alle Wörter, die Sie gelernt haben, abhaken.

Verkehrsmittel

Diese 10 grundlegenden japanischen Wörter lernen Sie in dieser Lektion:

Kann ich			
◯	うち	uchi	*Zuhause, Wohnung, Haus*
◯	駅	eki	*Bahnhof*
◯	自転車	jitensha	*Fahrrad*
◯	電車	densha	*Zug*
◯	乗る	noru	*einsteigen, fahren (mit Verkehrsmittel)*
◯	けっこう	kekkō	*ziemlich*
◯	込んでいる	konde iru	*voll sein*
◯	～後	-go	*nach …*
◯	やっと	yatto	*endlich*
◯	着く	tsuku	*ankommen*

LOS GEHT'S

1 Hören Sie sich die einzelnen Sätze mit den Lernwörtern genau an und lesen Sie mit.

うちから　駅(えき)まで　自転車(じてんしゃ)で　行(い)きました。

Von zu Hause **zum Bahnhof** **fuhr** ich **mit** dem **Fahrrad**.

道(みち)は　けっこう　込(こ)んでいました。

Die **Straße** **war** **ziemlich** **voll**.

駅(えき)で　電車(でんしゃ)に　乗(の)りました。

Am Bahnhof **stieg** ich **in** den **Zug** ein.

> Die Partikel で markiert hier den Ort der Handlung.

> Die Partikel に markiert hier das Ziel der Bewegung.

1時間後(いちじかんご)　やっと　着(つ)きました。

Nach einer Stunde **kam** ich **endlich** **an**.

VERWANDTE WÖRTER

1 Hören Sie sich folgende Wörter an und lesen Sie mit.

032

うち uchi	**Zuhause, Wohnung, Haus**	家 ie	**Haus**
駅 eki	**Bahnhof**	バス乗り場 basu noriba	**Busbahnhof**
		タクシー乗り場 takushī noriba	**Taxistand**
		空港 kūkō	**Flughafen**
		港 minato	**Hafen**
行く iku	**gehen, fahren**	通う kayou	**pendeln**
		帰る kaeru	**zurückfahren, heimgehen**
自転車 jitensha	**Fahrrad**	車 kuruma	**Auto**
		トラック torakku	**LKW**
		バイク baiku	**Motorrad, Moped**
		電動キックボード dendō kikku bōdo	**E-Roller, E-Scooter**

電車 densha	**Zug**	地下鉄 chikatetsu	**U-Bahn**
		飛行機 hikōki	**Flugzeug**
		船 fune	**Schiff**
		フェリー ferī	**Fähre**
		徒歩 toho	**Zufußgehen**
乗る noru	**einsteigen, fahren (mit Verkehrsmittel)**	降りる oriru	**aussteigen**
		乗り換える norikaeru	**umsteigen**
けっこう kekkō	**ziemlich**	ずいぶん zuibun	**ziemlich**
込んでいる konde iru	**voll sein**	渋滞している jūtai shite iru	**verstopft sein, es staut sich**
		空いている suite iru	**leer sein**
着く tsuku	**ankommen**	到着する tōchaku suru	**ankommen**
		出る deru	**fortgehen, abfahren**
		出発する shuppatsu suru	**abfahren**

ÜBEN

1 Verbinden Sie die passenden Wörter.

1. 電車 densha	a) Auto
2. 飛行機 hikōki	b) Schiff
3. 車 kuruma	c) U-Bahn
4. 地下鉄 chikatetsu	d) Flugzeug
5. 船 fune	e) Fahrrad
6. 自転車 jitensha	f) Zug

2 Welche Fahrzeuge verbergen sich in dieser Buchstabenschlange?

バイクタクシーバスフェリートラックキックボード

3 Ergänzen Sie die fehlenden Wörter.

1. うちから＿＿＿＿＿＿＿＿＿までバスで行(い)きます。	Ich fahre von Zuhause zum Bahnhof mit dem Bus.
2. 地下鉄(ちかてつ)に＿＿＿＿＿＿＿＿＿＿＿＿＿＿＿＿。	Ich steige in die U-Bahn ein./Ich nehme die U-Bahn.
3. ＿＿＿＿＿＿＿＿＿＿＿＿に乗(の)り換(か)えます。	Ich steige in den Zug um.
4. ＿＿＿＿＿＿＿＿＿＿＿でバスを降(お)ります。	Am Flughafen steige ich aus dem Bus aus.
5. すみません。＿＿＿＿＿＿＿＿＿＿はどこですか。	Entschuldigung. Wo ist der Taxistand?

WIEDERHOLUNG

4 Lesen Sie jetzt den kleinen Text vom Beginn der Lektion nun komplett auf Japanisch.

1. うちから　駅（えき）まで　自転車（じてんしゃ）で　行（い）きました。

2. 道（みち）は　けっこう　込（こ）んでいました。

3. 駅（えき）で　電車（でんしゃ）に　乗（の）りました。

4. １時間後（いちじかんご）　やっと　着（つ）きました。

5 Übersetzen Sie die Sätze ins Deutsche.

1. ______________________________

2. ______________________________

3. ______________________________

4. ______________________________

6 Jetzt können Sie auf der ersten Seite der Lektion alle Wörter, die Sie gelernt haben, abhaken.

9

AM BAHNHOF

Diese 10 grundlegenden japanischen Wörter lernen Sie in dieser Lektion:

033

Kann ich			
○	切符	kippu	*Fahrkarte*
○	切符売り場	kippu uriba	*Fahrkartenschalter, Fahrkartenverkauf*
○	買える	kaeru	*kaufen können*
○	京都	Kyōto	*Kyoto (Stadtname)*
○	－たい	-tai	*möchten*
○	片道	katamichi	*einfache Fahrt*
○	往復	ōfuku	*hin und zurück*
○	〜行き	-iki	*nach … (Ziel von Zug, Bus)*
○	新幹線	shinkansen	*Shinkansen (jap. Hochgeschwindigkeitszug)*
○	1 番線	ichibansen	*Gleis 1*

LOS GEHT'S

034

1 Hören Sie sich die einzelnen Sätze mit den Lernwörtern genau an und lesen Sie mit.

切符（きっぷ）は　切符売り場（きっぷうりば）で　買（か）えます。

Fahrkarten **kann** man **am Fahrkartenschalter** **kaufen**.

あした　京都（きょうと）に　行（い）きたいんですが。

Ich möchte **morgen** **nach Kyoto** **fahren**.

- たいんですが benutzt man, um den eigenen Wunsch zurückhaltend zu äußern.

片道（かたみち）ですか、往復（おうふく）ですか。

Einfache Fahrt oder **Hin und Zurück**?

往復切符（おうふくきっぷ）を　お願（ねが）いします。

Eine **Rückfahrkarte** **bitte**.

京都行（きょうとい）きの　新幹線（しんかんせん）は　1（いち）番線（ばんせん）です。

Der **Shinkansen** **nach Kyoto** fährt von **Gleis 1**.

VERWANDTE WÖRTER

1 Hören Sie sich folgende Wörter an und lesen Sie mit.

035

切符 kippu	**Fahrkarte**	乗車券 jōshaken	**Fahrkarte**
		特急券 tokkyūken	**Schnellzugzuschlagticket**
		入場券 nyūjōken	**Bahnsteigkarte**
		回数券 kaisūken	**Mehrfahrtenkarte**
		定期券 teikiken	**Zeitfahrkarte, Monatskarte**
		IC カード aishī kādo	**IC-Karte (Prepaid-Karte für Zugtickets)**
		普通車 futsūsha	**Wagen der 2. Klasse**
		グリーン車 gurīnsha	**Wagen der 1. Klasse**
		自由席 jiyūseki	**Sitzplatz ohne Reservierung**
		指定席 shiteiseki	**Sitzplatz mit Reservierung**
切符売り場 kippu uriba	**Fahrkartenschalter, Fahrkartenverkauf**	券売機 kenbaiki	**Fahrkartenautomat**

		乗り越し精算機 norikoshi seisanki	**Nachlöseautomat**
		チャージ chāji	**(IC-Karte) Aufladen**
片道 katamichi	**einfache Fahrt**	行き iki	**Hinfahrt**
		帰り kaeri	**Rückfahrt**
新幹線 shinkansen	**Shinkansen (jap. Hochgeschwindigkeitszug)**	特急 tokkyū	**Superexpress (mit Zuschlag)**
		急行 kyūkō	**Express**
		快速 kaisoku	**Schnellzug**
		普通列車 futsū ressha	**lokaler Zug, Regionalbahn**
		各駅停車 kakueki teisha	**Bummelzug**
1番線 ichibansen	**Gleis 1**	ホーム hōmu	**Bahnsteig**
		改札口 kaisatsu guchi	**Fahrkartenkontrollsprerre**
		コインロッカー koin rokkā	**Schließfach**
		階段 kaidan	**Treppe**

ÜBEN

1 Verbinden Sie die passenden Wörter.

1. 片道 katamichi	a) Fahrkarte
2. 自由席 jiyūseki	b) hin und zurück
3. 往復 ōfuku	c) Sitzplatz ohne Reservierung
4. 特急 tokkyū	d) Wagen der 2. Klasse
5. 普通車 futsūsha	e) einfache Fahrt
6. 切符 kippu	f) Fahrkartenkontrollsperre
7. 改札口 kaisatsuguchi	g) Superexpress

2 Ergänzen Sie die fehlenden Wörter.

1. 券売機(けんばいき)で __________ を買(か)いました。	Ich habe eine Fahrkarte am Fahrkartenautomaten gekauft.
2. 京都(きょうと) __________ の快速(かいそく)は 9時(くじ)に出(で)ます。	Der Schnellzug nach Kyoto fährt um 9 Uhr ab.
3. ホームは __________ の上(うえ)にあります。	Der Bahnsteig ist die Treppe hinauf.
4. __________ を2枚(にまい)ください。	Zwei Rückfahrkarten, bitte.
5. 帰(かえ)りは__________ に乗(の)りました。	Bei der Rückfahrt bin ich 1. Klasse gefahren.

WIEDERHOLUNG

3 Lesen Sie jetzt den kleinen Text vom Beginn der Lektion nun komplett auf Japanisch.

1. 切符(きっぷ)は　切符(きっぷ)売(う)り場(ば)で　買(か)えます。
2. あした　京都(きょうと)に　行(い)きたいんですが。
3. 片道(かたみち)ですか、往復(おうふく)ですか。
4. 往復切符(おうふくきっぷ)を　お願(ねが)いします。
5. 京都(きょうと)行(い)きの新幹線(しんかんせん)は　１(いち)番線(ばんせん)です。

4 Übersetzen Sie die Sätze ins Deutsche.

1. ______________________________
2. ______________________________
3. ______________________________
4. ______________________________
5. ______________________________

5 Jetzt können Sie auf der ersten Seite der Lektion alle Wörter, die Sie gelernt haben, abhaken.

10

IM RESTAURANT

Diese 10 grundlegenden japanischen Wörter lernen Sie in dieser Lektion:

036

Kann ich			
○	これ	kore	*dieser, diese, dieses*
○	何	nan, nani	*was*
○	魚	sakana	*Fisch*
○	料理	ryōri	*Gericht*
○	スープ	sūpu	*Suppe*
○	サラダ	sarada	*Salat*
○	～をください。	… o kudasai.	*Geben Sie mir bitte …!*
○	それから	sorekara	*und, dann, danach*
○	ジュース	jūsu	*Saft*
○	1つ	hitotsu	*ein, eins*

LOS GEHT'S

1 Hören Sie sich die einzelnen Sätze mit den Lernwörtern genau an und lesen Sie mit.

037

これは　何(なん)ですか。

Was ist **das hier**?

魚(さかな)の料理(りょうり)　です。

Das **ist** ein **Fischgericht.**

Die Partikel と zwischen zwei Nomina bedeutet „und".

スープと　サラダを　ください。

Eine **Suppe und** einen **Salat** **bitte!**

それから　ジュースを　1(ひと)つ　お願(ねが)いします。

Und **einen** **Saft** **bitte**!

VERWANDTE WÖRTER

1 Hören Sie sich folgende Wörter an und lesen Sie mit.

038

これ kore	**dieser, diese, dieses**	それ sore	**dieser, diese, dieses**
		あれ are	**jener, jene, jenes**
魚 sakana	**Fisch**	肉 niku	**Fleisch**
		牛肉 gyūniku	**Rindfleisch**
		豚肉 butaniku	**Schweinefleisch**
		鶏肉 toriniku	**Hühnerfleisch**
		卵 tamago	**Ei**
		野菜 yasai	**Gemüse**
料理 ryōri	**Gericht**	食べ物 tabemono	**Essen, Lebensmittel**
		飲み物 nomimono	**Getränk**
		ドリンク dorinku	**Getränk**
		デザート dezāto	**Nachtisch, Dessert**

ジュース jūsu	**Saft**	コーラ kōra	**Cola**
		コーヒー kōhī	**Kaffee**
		お茶 ocha	**Tee, grüner Tee**
		紅茶 kōcha	**schwarzer Tee**
		ハーブティー hābu ti	**Kräutertee**
		ビール bīru	**Bier**
		ワイン wain	**Wein**
		カクテル kakuteru	**Cocktail**

2 Hören Sie die folgenden Mengenangaben für Gegenstände an und lesen Sie mit.

039

?	いくつ ikutsu	4	4つ yottsu	8	8つ yattsu
1	1つ hitotsu	5	5つ itsutsu	9	9つ kokonotsu
2	2つ futatsu	6	6つ muttsu	10	10 tō
3	3つ mittsu	7	7つ nanatsu		

ÜBEN

1 Verbinden Sie die passenden Wörter.

1. 魚 sakana	a) Ei
2. 卵 tamago	b) Fisch
3. 紅茶 kōcha	c) Gemüse
4. 料理 ryōri	d) schwarzer Tee
5. 野菜 yasai	e) Gericht
6. 肉 niku	f) Fleisch

2 Welches Wort passt nicht in die Reihe?

1. a) コーヒー　b) ケーキ　c) コーラ　d) ジュース
2. a) ビール　b) カクテル　c) ワイン　d) サラダ

3 Ergänzen Sie die fehlenden Wörter.

1. これは ________ の料理（りょうり）です。 — Dies ist ein Gericht aus Hühnerfleisch.
2. ________ はありますか。 — Haben Sie Suppen?
3. ビールを ________ ください。 — Zwei Bier bitte!
4. ________ とデザートをお願（ねが）いします。 — Kaffee und Nachtisch bitte!

WIEDERHOLUNG

4 Lesen Sie jetzt den kleinen Text vom Beginn der Lektion nun komplett auf Japanisch.

1. これは　何(なん)ですか。
2. 魚(さかな)の料理(りょうり)です。
3. スープと　サラダを　ください。
4. それから　ジュースを　1つ(ひと)　お願(ねが)いします。

5 Übersetzen Sie die Sätze ins Deutsche.

1. ______________________
2. ______________________
3. ______________________
4. ______________________

6 Jetzt können Sie auf der ersten Seite der Lektion alle Wörter, die Sie gelernt haben, abhaken.

IM HOTEL

Diese 11 grundlegenden japanischen Wörter lernen Sie in dieser Lektion:

040

☑ **Kann ich**			
○	シングル	shinguru	*Einzelzimmer*
○	予約する	yoyaku suru	*reservieren*
○	1泊	ippaku	*eine Nacht*
○	朝食	chōshoku	*Frühstück*
○	～付き	-tsuki	*mit ...*
○	万	man	*zehntausend*
○	千	sen	*tausend*
○	円	en	*Yen*
○	貴重品	kichōhin	*Wertsachen*
○	預かる	azukaru	*aufbewahren*
○	もらえる	moraeru	*bekommen können, freundlicherweise (für mich) machen*

LOS GEHT'S

1 Hören Sie sich die einzelnen Sätze mit den Lernwörtern genau an und lesen Sie mit.

シングルを　予約(よやく)しました。

Ich **habe** ein **Einzelzimmer** **reserviert.**

1泊(いっぱく)ですね。

Für **eine Nacht, nicht wahr?**

Die Partikel で drückt eine Mengenbegrenzung aus.

朝食(ちょうしょく)付(つ)きで　2万(にまん)3千円(さんぜんえん)です。

Mit Frühstück **macht** das **23.000 Yen.**

貴重品(きちょうひん)を　預(あず)かって　もらえますか。

Könnten Sie meine **Wertsachen** für mich **aufbewahren?**

VERWANDTE WÖRTER

❶ Hören Sie sich folgende Wörter an und lesen Sie mit.

042

シングル shinguru	**Einzelzimmer**	ダブル daburu	**Doppelzimmer**
		ツイン tsuin	**Doppelzimmer (mit zwei Einzelbetten)**
		部屋 heya	**Zimmer**
		ホテル hoteru	**Hotel**
予約する yoyaku suru	**reservieren**	キャンセルする kyanseru suru	**stornieren**
朝食 chōshoku	**Frühstück**	朝ご飯 asagohan	**Frühstück**
		昼ご飯 hirugohan	**Mittagessen**
		晩ご飯 bangohan	**Abendessen**
		夕食 yūshoku	**Abendessen**
～付き -tsuki	**mit ...**	～なし -nashi	**ohne ...**
貴重品 kichōhin	**Wertsachen**	荷物 nimotsu	**Gepäck**
預かる azukaru	**aufbewahren**	受け取る uketoru	**in Empfang nehmen, abholen**

2 Hören Sie die folgenden Zahlenangaben an und lesen Sie mit.

?	いくら ikura	400	4百 yonhyaku	800	8百 happyaku
100	百 hyaku	500	5百 gohyaku	900	9百 kyūhyaku
200	2百 nihyaku	600	6百 roppyaku	1.000	千 sen
300	3百 sanbyaku	700	7百 nanahyaku		

2.000	2千 nisen	8.000	8千 hassen	50.000	5万 goman
3.000	3千 sanzen	9.000	9千 kyūsen	60.000	6万 rokuman
4.000	4千 yonsen	10.000	1万 ichiman	70.000	7万 nanaman
5.000	5千 gosen	20.000	2万 niman	80.000	8万 hachiman
6.000	6千 rokusen	30.000	3万 sanman	90.000	9万 kyūman
7.000	7千 nanasen	40.000	4万 yonman	100.000	10万 jūman

3 Hören Sie die Mengenangaben für Übernachtungen an und lesen Sie mit.

?	何泊 nanpaku	2	2泊 nihaku	3	3泊 sanpaku

ÜBEN

1 Verbinden Sie die passenden Wörter.

1. シングル shinguru	a) Frühstück
2. 1泊 ippaku	b) Wertsachen
3. 貴重品 kichōhin	c) reservieren
4. 朝食 chōshoku	d) eine Übernachtung
5. 予約する yoyaku suru	e) Einzelzimmer

2 Ergänzen Sie die fehlenden Wörter.

1. 部屋(へや)を ________ しました。	Ich habe ein Zimmer reserviert.
2. 夕食(ゆうしょく) ________ でお願(ねが)いします。	Mit Abendessen, bitte.
3. シングルを ________ 予約(よやく)しました。	Ich habe ein Einzelzimmer für zwei Nächte reserviert.
4. 朝食(ちょうしょく) ________ で2万円(にまんえん)です。	Ohne Frühstück macht das 20.000 Yen.
5. 3時(さんじ)まで ________ を預(あず)かってもらえますか。	Würden Sie freundlicherweise mein Gepäck bis 3 Uhr für mich aufbewahren?
6. 部屋(へや)を ________ したいんですが。	Ich möchte das Zimmer stornieren.

WIEDERHOLUNG

❸ Lesen Sie jetzt den kleinen Text vom Beginn der Lektion nun komplett auf Japanisch.

1. シングルを　予約(よやく)しました。

2. １泊(いっぱく)ですね。

3. 朝食(ちょうしょく)付(つ)きで　２万(にまん)３千円(さんぜんえん)です。

4. 貴重品(きちょうひん)を　預(あず)かって　もらえますか。

❹ Übersetzen Sie die Sätze ins Deutsche.

1. ______________________________

2. ______________________________

3. ______________________________

4. ______________________________

❺ Jetzt können Sie auf der ersten Seite der Lektion alle Wörter, die Sie gelernt haben, abhaken.

12

WOHNEN

Diese 10 grundlegenden japanischen Wörter lernen Sie in dieser Lektion:

045

Kann ich			
○	私	watashi	*ich*
○	アパート	apāto	*Wohnung im Mehrfamilienhaus*
○	2階	nikai	*1. Stock, 1. Etage*
○	台所	daidokoro	*Küche*
○	テーブル	tēburu	*Tisch*
○	や	ya	*und (bei beispielhaften Aufzählungen)*
○	いす	isu	*Stuhl*
○	など	nado	*etc.*
○	私の	watashi no	*mein/-e*
○	明るい	akarui	*hell*

LOS GEHT'S

1 Hören Sie sich die einzelnen Sätze mit den Lernwörtern genau an und lesen Sie mit.

私(わたし)は　アパートに　住(す)んでいます。

Ich **wohne** **in** einer **Wohnung.**

私(わたし)のうちは　2階(にかい)に　あります。

Mein Zuhause **befindet** sich **im 1. Stock.**

台所(だいどころ)に　テーブルや　いすなどが　あります。

In der **Küche** **gibt** es einen **Tisch und** **Stühle etc.**

私(わたし)の　家(いえ)は　明(あか)るいです。

Mein **Haus** **ist hell.**

VERWANDTE WÖRTER

1 Hören Sie sich folgende Wörter an und lesen Sie mit. 047

私 watashi	**ich**	あなた anata	**du, Sie**
		彼 kare	**er**
		彼女 kanojo	**sie**
		私達 watashitachi	**wir**
アパート apāto	**Wohnung (im Mehrfamilienhaus)**	マンション manshon	**Wohnung (in Wohnblock), Mehrfamilienhaus**
台所 daidokoro	**Küche**	キッチン kitchin	**Küche**
		リビング ribingu	**Wohnzimmer**
		寝室 shinshitsu	**Schlafzimmer**
		玄関 genkan	**Eingangsbereich**
		風呂場 furoba	**Badezimmer**
		お手洗い o-tearai	**Toilette**
		トイレ toire	**Toilette**

テーブル tēburu	**Tisch**	家具 kagu	**Möbel**
		たんす tansu	**Schrank**
		ベッド beddo	**Bett**
		ソファ sofa	**Sofa**
		ドア doa	**Tür**
		窓 mado	**Fenster**
明るい akarui	**hell**	暗い kurai	**dunkel**
		狭い semai	**eng, beengt**
		広い hiroi	**weit, geräumig**

2 Hören Sie die folgenden Etagenangaben an und lesen Sie mit.

048

?	何階 nangai	2	3階 sangai	5	6階 rokkai
EG	1階 ikkai	3	4階 yonkai	6	7階 nanakai
1	2階 nikai	4	5階 gokai	7	8階 hakkai

ÜBEN

1 Verbinden Sie die passenden Wörter.

1. テーブル tēburu	a) Bett
2. いす isu	b) Schrank
3. ベッド beddo	c) Möbel
4. たんす tansu	d) Stuhl
5. 家具 kagu	e) Tisch

2 Ergänzen Sie die fehlenden Wörter.

1. ______________ に住(す)んでいます。	Wir wohnen in einem Apartment.
2. 私(わたし)のうちは__________ にあります。	Es befindet sich im Erdgeschoss.
3. 寝室(しんしつ)や ______________ などがあります。	Es gibt ein Schlafzimmer und ein Wohnzimmer etc.
4. トイレは__________ の右(みぎ)です。	Rechts von der Küche ist die Toilette.
5. アパートは__________ です。	Das Apartment ist groß.
6. ちょっと__________ です。	Es ist etwas dunkel.

WIEDERHOLUNG

3 Lesen Sie jetzt den kleinen Text vom Beginn der Lektion nun komplett auf Japanisch.

1. 私(わたし)は　アパートに　住(す)んでいます。
2. 私(わたし)のうちは　2階(にかい)に　あります。
3. 台所(だいどころ)に　テーブルや　いすなどが　あります。
4. 私(わたし)の家(いえ)は　明(あか)るいです。

4 Übersetzen Sie die Sätze ins Deutsche.

1. ____________________
2. ____________________
3. ____________________
4. ____________________

5 Jetzt können Sie auf der ersten Seite der Lektion alle Wörter, die Sie gelernt haben, abhaken.

13

ESSEN, TRINKEN, KOCHEN

Diese 11 grundlegenden japanischen Wörter lernen Sie in dieser Lektion:

049

Kann ich			
○	毎日	mainichi	*jeder Tag*
○	ご飯	gohan	*gekochter Reis, Essen*
○	食べる	taberu	*essen*
○	よく	yoku	*oft*
○	作る	tsukuru	*kochen, herstellen*
○	豆腐	tōfu	*Tofu*
○	好き（な）	suki (na)	*gerne mögen*
○	から	kara	*denn, weil*
○	でも	demo	*aber*
○	甘い	amai	*süß*
○	もの	mono	*Ding*

LOS GEHT'S

050

1 Hören Sie sich die einzelnen Sätze mit den Lernwörtern genau an und lesen Sie mit.

私(わたし)は 毎日(まいにち) ご飯(はん)を 食(た)べます。

Ich **esse** **jeden Tag** **Reis.**

よく 日本(にほん)の料理(りょうり)を 作(つく)ります。

Ich **koche** **oft** **japanisches Essen.**

豆腐(とうふ)が 好(す)きです から。

Denn ich **mag** **Tofu.**

じゃないです ist die Verneinung von です.

でも、 甘(あま)いものは 好(す)きじゃないです。

Aber **süße Sachen** **mag** ich **nicht.**

VERWANDTE WÖRTER

1 Hören Sie sich folgende Wörter an und lesen Sie mit.

051

毎日 mainichi	**jeder Tag**	毎朝 maiasa	**jeder Morgen**
		毎晩 maiban	**jeder Abend**
		毎週 maishū	**jede Woche**
ご飯 gohan	**gekochter Reis, Essen**	麺 men	**Nudeln**
		味噌汁 misoshiru	**Miso-Suppe**
		じゃが芋 jagaimo	**Kartoffeln**
		しょうゆ shōyu	**Soja-Sauce**
		果物 kudamono	**Obst**
		パン pan	**Brot**
		チーズ chīzu	**Käse**
		ソーセージ sōsēji	**Wurst, Würstchen**
よく yoku	**oft**	ときどき tokidoki	**ab und zu**

食べる taberu	**essen**	飲む nomu	**trinken**
作る tsukuru	**kochen, herstellen**	焼く yaku	**braten, grillen, backen**
		炒める itameru	**andämpfen, braten**
		ゆでる yuderu	**sieden, kochen**
好き（な） suki (na)	**mögen, lieben**	大好き（な） daisuki (na)	**sehr mögen**
		嫌い（な） kirai (na)	**nicht mögen, hassen**
でも demo	**aber**	しかし shikashi	**aber (schriftsprachlich)**
甘い amai	**süß**	酸っぱい suppai	**sauer**
		辛い karai	**scharf**
		塩辛い shiokarai	**salzig**
		苦い nigai	**bitter**
		おいしい oishii	**lecker**
		まずい mazui	**schlecht schmeckend**

ÜBEN

1 Verbinden Sie die passenden Wörter.

1. 甘い amai →	a) bitter
2. 辛い karai	b) scharf
3. 酸っぱい suppai	c) sauer
4. 苦い nigai	d) süß
5. 塩辛い shiokarai	e) salzig

[Example: 1. 甘い is connected by an arrow to d) süß.]

2 Ergänzen Sie die fehlenden Wörter.

1. 朝(あさ)ご飯(はん)にパンを＿＿＿＿＿＿＿。	Ich esse zum Frühstück Brot.
2. 毎朝(まいあさ)コーヒーを＿＿＿＿＿＿＿。	Jeden Morgen trinke ich Kaffee.
3. 私(わたし)はよく日本(にほん)の料理(りょうり)を ＿＿＿＿＿＿。	Ich koche oft japanisches Essen.
4. 豆腐(とうふ)が＿＿＿＿＿＿ですから。	Denn ich mag Tofu gerne.
5. でも納豆(なっとう)は＿＿＿＿＿＿＿＿です。	Aber Natto (fermentierte Soja-Sprossen) mag ich nicht.
6. ＿＿＿＿＿＿魚(さかな)を食(た)べますか。	Essen Sie jeden Tag Fisch?
7. この野菜(やさい)は＿＿＿＿＿＿ですね。	Dieses Gemüse ist lecker, nicht wahr?

WIEDERHOLUNG

3 Lesen Sie jetzt den kleinen Text vom Beginn der Lektion nun komplett auf Japanisch.

1. 私(わたし)は　毎日(まいにち)　ご飯(はん)を　食(た)べます。
2. よく　日本(にほん)の料理(りょうり)を　作(つく)ります。
3. 豆腐(とうふ)が　好(す)きですから。
4. でも、甘(あま)いものは　好(す)きじゃないです。

4 Übersetzen Sie die Sätze ins Deutsche.

1. ____________________
2. ____________________
3. ____________________
4. ____________________

5 Jetzt können Sie auf der ersten Seite der Lektion alle Wörter, die Sie gelernt haben, abhaken.

14

NAHRUNGSMITTEL EINKAUFEN

Diese 10 grundlegenden japanischen Wörter lernen Sie in dieser Lektion:

052

✓ Kann ich			
○	ちょっと	chotto	*kurz*
○	スーパー	sūpā	*Supermarkt*
○	行ってくる	itte kuru	*gehen und zurückkommen*
○	米	kome	*Reis (ungekocht)*
○	買う	kau	*kaufen*
○	–なければならない	-nakereba naranai	*müssen*
○	牛乳	gyūnū	*Milch*
○	要る	iru	*brauchen*
○	１パック	hito pakku	*eine Packung*
○	安い	yasui	*billig*

LOS GEHT'S

1 Hören Sie sich die einzelnen Sätze mit den Lernwörtern genau an und lesen Sie mit.

ちょっと スーパーに 行(い)ってきます。

Ich **gehe** **kurz** **zum Supermarkt.**

お米(こめ)を 買(か)わなければなりません。

Ich **muss** **Reis** **kaufen.**

Vor なければ stehen die Verben in der a-Stufe. 買う wird zu 買わ .

牛乳(ぎゅうにゅう)も 要(い)ります。

Ich **brauche** **auch Milch.**

で ist die te-Form von です und bedeutet „und ist".

1(ひと)パック 134円(えん)で、 安(やす)いです。

Eine Packung **kostet 134 Yen,** das **ist billig.**

VERWANDTE WÖRTER

1 Hören Sie sich folgende Wörter an und lesen Sie mit. 054

スーパー sūpā	**Supermarkt**	コンビニ konbini	**24-h-Laden**
		パン屋 pan'ya	**Bäckerei**
		魚屋 sakanaya	**Fischgeschäft**
		肉屋 nikuya	**Metzgerei, Schlachter**
		八百屋 yaoya	**Obst- und Gemüseladen**
米 kome	**Reis (ungekocht)**	りんご ringo	**Apfel**
		みかん mikan	**Mandarine**
		いちご ichigo	**Erdbeere**
		すいか suika	**Wassermelone**
		バナナ banana	**Banane**
		なし nashi	**Nashi-Birnen**
		ぶどう budō	**Trauben**

人参 ninjin	**Karotte**
大根 daikon	**Rettich**
きゅうり kyūri	**Gurke**
玉ねぎ tamanegi	**Zwiebel**
キャベツ kyabetsu	**Weißkohl**
海老 ebi	**Garnele**
鮪 maguro	**Thunfisch**
鮭 sake	**Lachs**
貝 kai	**Muschel**
菓子 kashi	**Süßigkeiten**

買う kau	**kaufen**	売る uru	**verkaufen**
1パック hito pakku	**eine Packung**	1袋 hito fukuro	**eine Tüte**
安い yasui	**billig**	高い takai	**teuer**

ÜBEN

1 Welches Wort passt nicht in die Reihe?

1. a) りんご b) バナナ c) バター d) みかん
2. a) にんじん b) きゅうり c) だいこん d) ハム
3. a) にくや b) やすい c) パンや d) やおや

2 Ergänzen Sie die fehlenden Wörter.

1. ちょっとパン屋(や)に＿＿＿＿＿＿＿＿。 Ich gehe kurz zum Bäcker.
2. パンを買(か)わ＿＿＿＿＿＿＿＿。 Ich muss Brot kaufen.
3. 人参(にんじん)が＿＿＿＿＿＿＿＿か。 Brauchst Du Karotten?
4. きょうは きゅうりが＿＿＿＿＿ですから。 Denn heute sind die Gurken billig.
5. ＿＿＿＿＿も買(か)ってください。 Bitte kaufe auch Milch.
6. いちごは＿＿＿＿＿300円(えん)です Eine Packung Erdbeeren kostet 300 Yen.
7. コンビニはスーパーより＿＿＿＿＿です。 24-h-Läden sind teurer als Supermärkte.
8. 日本料理(にほんりょうり)には＿＿＿＿＿が要(い)ります。 Für japanische Gerichte braucht man Soja-Sauce.

WIEDERHOLUNG

3 Lesen Sie jetzt den kleinen Text vom Beginn der Lektion nun komplett auf Japanisch.

1. ちょっと　スーパーに　行(い)ってきます。
2. お米(こめ)を　買(か)わなければなりません。
3. 牛乳(ぎゅうにゅう)も　要(い)ります。
4. 1(ひと)パック　134円(えん)で、安(やす)いです。

4 Übersetzen Sie die Sätze ins Deutsche.

1. ____
2. ____
3. ____
4. ____

5 Jetzt können Sie auf der ersten Seite der Lektion alle Wörter, die Sie gelernt haben, abhaken.

15

KLEIDUNG UND SCHUHE EINKAUFEN

Diese 9 grundlegenden japanischen Wörter lernen Sie in dieser Lektion:

055

Kann ich			
○	セーター	sētā	*Pullover*
○	探す	sagasu	*suchen*
○	赤い	akai	*rot*
○	着る	kiru	*anziehen (Oberteile wie Mantel, Pullover, Kleid)*
○	ーてみる	-te miru	*etwas versuchsweise machen*
○	色	iro	*Farbe*
○	きれい（な）	kirei (na)	*schön*
○	長い	nagai	*lang*
○	ーすぎる	-sugiru	*zu ... sein*

LOS GEHT'S

1 Hören Sie sich die einzelnen Sätze mit den Lernwörtern genau an und lesen Sie mit.

056

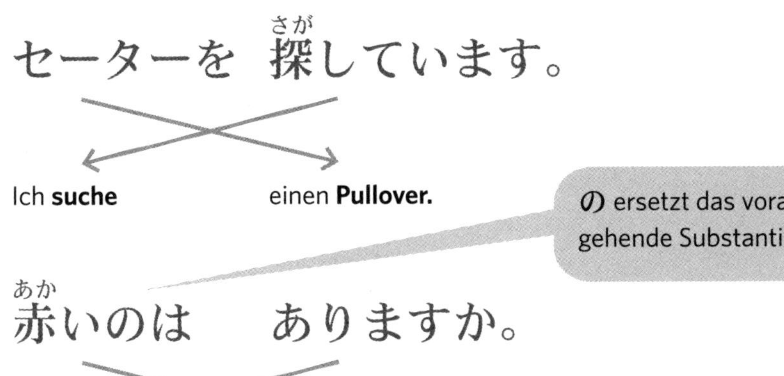

セーターを　探(さが)しています。

Ich **suche** einen **Pullover.**

の ersetzt das vorangehende Substantiv.

赤(あか)いのは　ありますか。

Haben Sie **einen roten?**

着(き)て　みたいんですが。

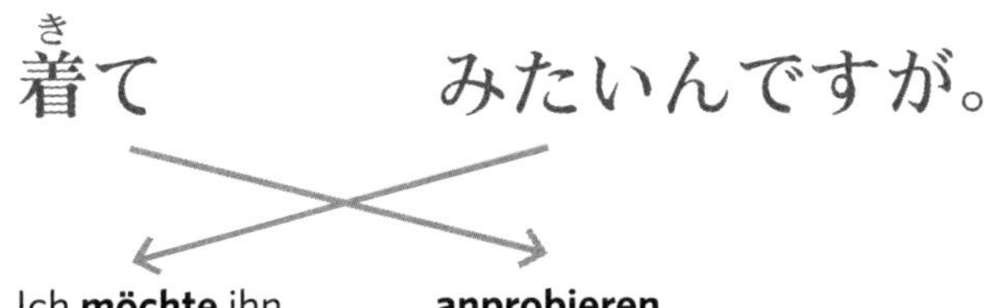

Ich **möchte** ihn **anprobieren.**

色(いろ)は　きれいです　が、

Die **Farbe** **ist schön,** **aber**

ちょっと　長(なが)すぎます。

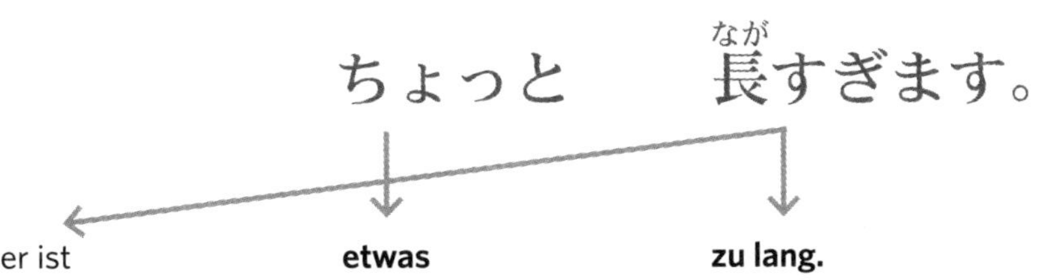

er ist **etwas** **zu lang.**

VERWANDTE WÖRTER

1 Hören Sie sich folgende Wörter an und lesen Sie mit.

057

セーター sētā	**Pullover**	コート kōto	**Mantel**
		ジャケット jaketto	**Jacke**
		シャツ shatsu	**Hemd**
		T シャツ tī shatsu	**T-Shirt**
		ズボン zubon	**Hose**
		スカート sukāto	**Rock**
		ワンピース wan pīsu	**Kleid**
		靴下 kutsushita	**Strümpfe**
		靴 kutsu	**Schuhe**
探す sagasu	**suchen**	見つける mitsukeru	**finden**
赤い akai	**rot**	黒い kuroi	**schwarz**
		白い shiroi	**weiß**

青い
aoi
blau

黄色い
kiiroi
gelb

茶色い
chairoi
braun

緑（の）
midori (no)
grün

グレー（の）
gurē (no)
grau

着る
kiru
anziehen (Oberteile)

履く
haku
anziehen (Rock, Hose, Strümpfe, Schuhe)

脱ぐ
nugu
ausziehen

色
iro
Farbe

サイズ
saizu
Größe

質
shitsu
Qualität

きれい（な）
kirei (na)
schön

かわいい
kawaii
niedlich

大丈夫（な）
daijōbu (na)
in Ordnung

長い
nagai
lang

短い
mijikai
kurz

きつい
kitsui
eng, knapp

ÜBEN

1 Verbinden Sie die passenden Wörter.

1. 赤い akai	a) grün
2. 白い shiroi	b) rot
3. 黒い kuroi	c) weiß
4. 青い aoi	d) gelb
5. 黄色い kiiroi	e) schwarz
6. 緑 midori	f) blau

2 Ergänzen Sie die fehlenden Wörter.

1. 黒(くろ)いコートを____________。	Ich suche einen schwarzen Mantel.
2. __________は大丈夫(だいじょうぶ)ですか。	Ist die Größe in Ordnung?
3. __________のはありますか。	Haben Sie auch einen grauen?
4. 靴(くつ)を__________。	Ich ziehe meine Schuhe an.
5. きょう、白(しろ)いTシャツを__________。	Heute ziehe ich ein weißes T-Shirt an.
6. このスカートは__________です。	Dieser Rock ist niedlich.
7. でもちょっと__________です。	Aber er ist etwas kurz.
8. きれいな__________ですね。	Eine schöne Farbe, nicht?

WIEDERHOLUNG

3 Lesen Sie jetzt den kleinen Text vom Beginn der Lektion nun komplett auf Japanisch.

1. セーターを　探(さが)しています。
2. 赤(あか)いのは　ありますか。
3. 着(き)てみたいんですが。
4. 色(いろ)は　きれいですが、ちょっと　長(なが)すぎます。

4 Übersetzen Sie die Sätze ins Deutsche.

1. ______________________________
2. ______________________________
3. ______________________________
4. ______________________________

5 Jetzt können Sie auf der ersten Seite der Lektion alle Wörter, die Sie gelernt haben, abhaken.

16

LERNEN UND WISSEN

Diese 10 grundlegenden japanischen Wörter lernen Sie in dieser Lektion:

Kann ich			
○	大学	daigaku	*Universität, Hochschule*
○	１年生	ichinensei	*Schüler/-in, Student/-in im ersten Schul-/Studienjahr*
○	専攻	senkō	*Studienfach*
○	経済学	keizaigaku	*Wirtschaftswissenschaft*
○	漢字	kanji	*Kanji (chinesische Schriftzeichen)*
○	勉強する	benkyō suru	*lernen, studieren*
○	試験	shiken	*Prüfung*
○	難しい	muzukashii	*schwierig*
○	先生	sensei	*Lehrer/-in, Dozent/-in*
○	厳しい	kibishii	*streng*

LOS GEHT'S

1 Hören Sie sich die einzelnen Sätze mit den Lernwörtern genau an und lesen Sie mit.

私(わたし)は 大学1年生(だいがくいちねんせい) です。

Ich **bin** **Student** im **ersten Studienjahr.**

専攻(せんこう)は 経済学(けいざいがく) です。

Mein **Studienfach** **ist** **Wirtschaftswissenschaft**.

今(いま)、 漢字(かんじ)を 勉強(べんきょう)しています。

Ich **lerne** **gerade** **Kanji.**

Die te-Form eines Handlungsverbs und います drückt aus, dass die Handlung gerade stattfindet.

試験(しけん)は 難(むずか)しい です。

Die **Prüfungen** **sind** **schwierig**.

先生(せんせい)は 厳(きび)しい です。

Die **Lehrer** **sind** **streng.**

VERWANDTE WÖRTER

1 Hören Sie sich folgende Wörter an und lesen Sie mit. 060

大学 daigaku	**Universität, Hochschule**	学校 gakkō	**Schule**
		高校 kōkō	**Oberschule**
		大学生 daigakusei	**Student/-in**
		高校生 kōkōsei	**Oberschüler/-in**
専攻 senkō	**Studienfach**	主専攻 shusenkō	**Hauptfach**
		副専攻 fukusenkō	**Nebenfach**
		専門 senmon	**Fach**
経済学 keizaigaku	**Wirtschaftswissenschaft**	政治学 seijigaku	**Politikwissenschaft**
		歴史学 rekishigaku	**Geschichtswissenschaft**
		情報学 jōhōgaku	**Informatik**
		生物学 seibutsugaku	**Biologie**
		文学 bungaku	**Literaturwissenschaft**

		数学 sūgaku	**Mathematik**
		化学 kagaku	**Chemie**
		医学 igaku	**Medizin**
勉強する benkyō suru	**lernen, studieren**	研究する kenkyū suru	**forschen**
		調べる shiraberu	**untersuchen, erforschen, nachschlagen**
		教える oshieru	**lehren, unterrichten, beibringen**
試験 shiken	**Prüfung**	テスト tesuto	**Test, Prüfung**
		授業 jugyō	**Unterricht**
		クラス kurasu	**Klasse, Unterricht**
難しい muzukashii	**schwierig**	易しい yasashii	**leicht, einfach**
		簡単（な） kantan (na)	**einfach, leicht**
先生 sensei	**Lehrer/-in, Dozent/-in**	教授 kyōju	**Professor/-in**
		研究者 kenkyūsha	**Forscher/-in, Wissenschaftler/-in**

ÜBEN

1 Verbinden Sie die passenden Wörter.

1. 大学 daigaku	a) Fach
2. 勉強 benkyō	b) Prüfung
3. 試験 shiken	c) Universität
4. 先生 sensei	d) Forschung
5. 専攻 senkō	e) Studium, Lernen
6. 研究 kenkyū	f) Lehrer/-in

2 Ergänzen Sie die fehlenden Wörter.

1. 私(わたし)は大学(だいがく)で__________を勉強(べんきょう)しています。	Ich studiere Politikwissenschaft an der Universität.
2. 今(いま)、大学(だいがく)__________です。	Ich bin Student/-in im zweiten Studienjahr.
3. 試験(しけん)は__________です。	Die Prüfungen sind schwierig.
4. 私(わたし)の__________は親切(しんせつ)です。	Mein Lehrer/Meine Lehrerin ist freundlich.
5. フーバーさんの__________は何(なん)ですか。	Frau Huber, was ist Ihr Studienfach?
6. フーバーさんは日本文学(にほんぶんがく)を__________しています。	Frau Huber forscht über japanische Literatur.

WIEDERHOLUNG

3 Lesen Sie jetzt den kleinen Text vom Beginn der Lektion nun komplett auf Japanisch.

1. 私(わたし)は　大学(だいがく) 1(いち) 年生(ねんせい)です。
2. 専攻(せんこう)は　経済学(けいざいがく)です。
3. 今(いま)、漢字(かんじ)を　勉強(べんきょう)しています。
4. 試験(しけん)は　難(むずか)しいです。
5. 先生(せんせい)は　厳(きび)しいです。

4 Übersetzen Sie die Sätze ins Deutsche.

1. ______________________________
2. ______________________________
3. ______________________________
4. ______________________________
5. ______________________________

5 Jetzt können Sie auf der ersten Seite der Lektion alle Wörter, die Sie gelernt haben, abhaken.

17

TAGESABLAUF

Diese 10 grundlegenden japanischen Wörter lernen Sie in dieser Lektion:

061

Kann ich			
○	平日	heijitsu	*Werktag*
○	いつも	itsumo	*immer*
○	起きる	okiru	*aufstehen*
○	シャワーを浴びる	shawā o abiru	*duschen*
○	新聞	shinbun	*Zeitung*
○	読む	yomu	*lesen*
○	ごろ	goro	*ungefähr (für Uhrzeit)*
○	出かける	dekakeru	*das Haus verlassen, ausgehen*
○	仕事をする	shigoto o suru	*arbeiten*
○	掃除をする	sōji o suru	*putzen*

LOS GEHT'S

1 Hören Sie sich die einzelnen Sätze mit den Lernwörtern genau an und lesen Sie mit.

平日(へいじつ)は いつも 6時半(ろくじはん)に 起(お)きます。

An **Werktagen** **stehe** ich **immer** **um 6.30 Uhr** **auf.**

シャワーを浴(あ)びて、新聞(しんぶん)を 読(よ)みます。

Ich **dusche und** **lese** dann **Zeitung**.

Mit der te-Form eines Verbs kann man Verben der Reihe nach aufstellen.

8時(はちじ)ごろ 出(で)かけます。

Um **ca. 8 Uhr** **verlasse** ich das Haus.

9時(くじ)から 5時(ごじ)まで 仕事(しごと)をします。

Von 9 Uhr **bis 5 Uhr** **arbeite** ich.

します ist die masu-Form von する „tun, machen“.

うちに帰(かえ)って、掃除(そうじ)をします。

Ich **kehre nach Hause zurück und** **putze**.

VERWANDTE WÖRTER

1 Hören Sie sich folgende Wörter an und lesen Sie mit. 063

平日 heijitsu	**Werktag**	週末 shūmatsu	**Wochenende**
		休日 kyūjitsu	**Sonn- und Feiertag**
		祝日 shukujitsu	**Feiertag**
いつも itsumo	**immer**	たいてい taitei	**meistens**
		普通 futsū	**normalerweise**
起きる okiru	**aufstehen**	寝る neru	**schlafen, ins Bett gehen**
シャワーを浴びる shawā o abiru	**duschen**	顔を洗う kao o arau	**das Gesicht waschen**
		歯を磨く ha o migaku	**die Zähne putzen**
		ひげを剃る hige o soru	**den Bart rasieren**
		風呂に入る furo ni hairu	**ein Bad nehmen, baden**
新聞 shinbun	**Zeitung**	ニュース nyūsu	**Nachrichten**
		本 hon	**Buch**

		雑誌 zasshi	**Zeitschrift**
		漫画 manga	**Manga, Comic**
		手紙 tegami	**Brief**
読む yomu	**lesen**	書く kaku	**schreiben**
		聞く kiku	**hören**
仕事をする shigoto o suru	**arbeiten**	アルバイトをする arubaito o suru	**jobben**
		働く hataraku	**arbeiten**
		休む yasumu	**sich ausruhen, eine Pause machen, Urlaub haben**
掃除をする sōji o suru	**putzen**	洗濯をする sentaku o suru	**Wäsche waschen**
		料理をする ryōri o suru	**kochen**
		家事をする kaji o suru	**den Haushalt machen**

ÜBEN

1 Verbinden Sie die passende Kombination.

1. うちに uchi ni → b) 帰る kaeru
2. 顔を kao o
3. 歯を ha o
4. うちを uchi o
5. 風呂に furo ni
6. シャワーを shawā o

a) 入る hairu
b) 帰る kaeru
c) 浴びる abiru
d) 磨く migaku
e) 出る deru
f) 洗う arau

2 Ergänzen Sie die fehlenden Wörter.

1. 毎朝(まいあさ) 7(しち) 時(じ)に＿＿＿＿＿＿。	Ich stehe jeden Morgen um 7 Uhr auf.
2. 歯(は)を磨(みが)いて、顔(かお)を＿＿＿＿＿＿。	Ich putze die Zähne und wasche mein Gesicht.
3. ＿＿＿＿＿＿を読(よ)みます。	Ich lese die Zeitung.
4. ＿＿＿＿＿＿を見(み)ます。	Ich schaue Nachrichten.
5. 毎日(まいにち) 6(ろく) 時(じ)まで＿＿＿＿＿＿。	Ich arbeite jeden Tag bis 6 Uhr.
6. ＿＿＿＿＿＿は 12(じゅうに) 時(じ)に寝(ね)ます。	Am Wochenende gehe ich um 12 Uhr ins Bett.

WIEDERHOLUNG

3 Lesen Sie jetzt den kleinen Text vom Beginn der Lektion nun komplett auf Japanisch.

1. 平日(へいじつ)は　いつも　6時半(ろくじはん)に　起(お)きます。

2. シャワーを　浴(あ)びて、新聞(しんぶん)を　読(よ)みます。

3. 8時(はちじ)ごろ　出(で)かけます。

4. 9時(くじ)から　5時(ごじ)まで　仕事(しごと)を　します。

5. うちに　帰(かえ)って、掃除(そうじ)を　します。

4 Übersetzen Sie die Sätze ins Deutsche.

1. __________

2. __________

3. __________

4. __________

5. __________

5 Jetzt können Sie auf der ersten Seite der Lektion alle Wörter, die Sie gelernt haben, abhaken.

FAMILIE UND VERWANDTSCHAFT I

Diese 10 grundlegenden japanischen Wörter lernen Sie in dieser Lektion:

064

✓ Kann ich			
○	家族	kazoku	*Familie*
○	4人	yonin	*vier Personen*
○	祖父	sofu	*(mein) Großvater*
○	母	haha	*(meine) Mutter*
○	兄	ani	*(mein) älterer Bruder*
○	52歳	gojūnisai	*52 Jahre alt*
○	会社員	kaisha'in	*Firmenangestellte/-r*
○	フランス	Furansu	*Frankreich*
○	留学する	ryūgaku suru	*im Ausland studieren*
○	結婚する	kekkon suru	*heiraten*

LOS GEHT'S

❶ Hören Sie sich die einzelnen Sätze mit den Lernwörtern genau an und lesen Sie mit.

私(わたし)の 家族(かぞく)は 4人(よにん) です。

Meine **Familie** **sind** **vier Personen**.

祖父(そふ)と 母(はは)と 兄(あに)が います。

Mein Großvater, **meine Mutter und** **mein älterer Bruder**.

で ist die te-Form von です.

母(はは)は 52歳(ごじゅうにさい)で、 会社員(かいしゃいん)です。

Meine Mutter **ist 52 Jahre** alt, sie **ist Firmenangestellte**.

兄(あに)は フランスに 留学(りゅうがく)しています。

Mein älterer Bruder **studiert** gerade **in Frankreich**.

私(わたし)は 来年(らいねん) 結婚(けっこん)します。

Ich werde **nächstes Jahr** **heiraten.**

VERWANDTE WÖRTER

1 Hören Sie sich folgende Wörter an und lesen Sie mit.

家族 kazoku	**Familie**	親戚 shinseki	**Verwandtschaft**
祖父 sofu	**(mein) Großvater**	祖母 sobo	**(meine) Großmutter**
母 haha	**(meine) Mutter**	父 chichi	**(mein) Vater**
		親 oya	**Eltern**
		両親 ryōshin	**beide Eltern**
兄 ani	**(mein) älterer Bruder**	姉 ane	**(meine) ältere Schwester**
		弟 otōto	**(mein) jüngerer Bruder**
		妹 imōto	**(meine) jüngere Schwester**
		兄弟 kyōdai	**Brüder, Geschwister**
		姉妹 shimai	**Schwestern**
会社員 kaisha'in	**Firmenangestellte/-r**	公務員 kōmuin	**Beamter, Beamtin**

結婚する kekkon suru	**heiraten**	結婚している kekkon shite iru	**verheiratet sein**
		結婚していない kekkon shite inai	**unverheiratet sein**
		離婚する rikon suru	**sich scheiden lassen**
		独身 dokushin	**ledig**

2 Hören Sie sich folgenden Angaben für Personenzahl an und lesen Sie mit.

067

?	何人 nannin	4	4人 yonin	8	8人 hachinin
1	1人 hitori	5	5人 gonin	9	9人 kyūnin
2	2人 futari	6	6人 rokunin	10	10人 jūnin
3	3人 sannin	7	7人 shichinin	11	11人 jūichinin

3 Hören Sie sich folgenden Angaben für das Alter an und lesen Sie mit.

068

?	何歳 nansai	4	4歳 yonsai	8	8歳 hassai
1	1歳 issai	5	5歳 gosai	9	9歳 kyūsai
2	2歳 nisai	6	6歳 rokusai	10	10歳 jussai
3	3歳 sansai	7	7歳 nanasai	20	20歳 hatachi

ÜBEN

1 Welches Wort passt nicht in die Reihe?

1. a) ちち b) おとうと c) あね d) そふ
2. a) あに b) そぼ c) はは d) いもうと
3. a) りょうしん b) だいがく c) きょうだい d) かぞく

2 Ergänzen Sie die fehlenden Wörter.

1. 私(わたし)の家族(かぞく)は ＿＿＿＿＿ です。	Meine Familie sind sechs Personen.
2. ＿＿＿＿＿ は会社員(かいしゃいん)です。	Mein Vater ist Firmenangestellter.
3. 私(わたし)は＿＿＿＿＿ が 2 人(ふたり)います。	Ich habe zwei Geschwister.
4. 兄(あに)は＿＿＿＿＿ です。	Mein älterer Bruder ist 24 Jahre alt.
5. ＿＿＿＿＿ は大学生(だいがくせい)です。	Meine ältere Schwester ist Studentin.
6. 私(わたし)は＿＿＿＿＿していません。	Ich bin nicht verheiratet.
7. アメリカに ＿＿＿＿＿したいです。	Ich möchte in den USA (als Austauschstudent) studieren.

WIEDERHOLUNG

3 Lesen Sie jetzt den kleinen Text vom Beginn der Lektion nun komplett auf Japanisch.

1. 私(わたし)の家族(かぞく)は　４人(よにん)です。

2. 祖父(そふ)と　母(はは)と　兄(あに)が　います。

3. 母(はは)は　５２歳(ごじゅうにさい)で、会社員(かいしゃいん)です。

4. 兄(あに)は　フランスに　留学(りゅうがく)しています。

5. 私(わたし)は　来年(らいねん)　結婚(けっこん)します。

4 Übersetzen Sie die Sätze ins Deutsche.

1. ______________________________

2. ______________________________

3. ______________________________

4. ______________________________

5. ______________________________

5 Jetzt können Sie auf der ersten Seite der Lektion alle Wörter, die Sie gelernt haben, abhaken.

19

FAMILIE UND VERWANDTSCHAFT 2

Diese 10 grundlegenden japanischen Wörter lernen Sie in dieser Lektion:

069

Kann ich			
○	5人家族	gonin kazoku	*fünfköpfige Familie*
○	ご主人	goshujin	*(Ihr/ihr) Ehemann*
○	お父さん	otōsan	*(Ihr/sein/ihr) Vater, Vater (als Anrede)*
○	奥さん	okusan	*(Ihre/seine) Ehefrau*
○	ドイツ人	Doitsujin	*Deutsche/-r*
○	主婦	shufu	*Hausfrau*
○	お子さん	okosan	*(Ihr/sein/ihr) Kind*
○	上の子	ue no ko	*das ältere Kind*
○	男の子	otoko no ko	*Junge*
○	小学生	shōgakusei	*Grundschüler/-in*

LOS GEHT'S

070

1 Hören Sie sich die einzelnen Sätze mit den Lernwörtern genau an und lesen Sie mit.

田中(たなか)さんは　5人家族(ごにんかぞく)　です。

Familie Tanaka **ist** eine **fünfköpfige Familie.**

ご主人(しゅじん)のお父(とう)さんと　住(す)んでいます。

Sie **wohnen** **mit** dem **Vater** des **Ehemanns zusammen.**

奥(おく)さんは　ドイツ人(じん)で、　主婦(しゅふ)　です。

Die **Ehefrau** **ist Deutsche,** sie **ist** **Hausfrau.**

お子(こ)さんが　2人(ふたり)　います。

Sie **haben** **zwei** **Kinder**.

上(うえ)の子(こ)は　男(おとこ)の子(こ)で、　小学生(しょうがくせい)　です。

Das **ältere Kind** **ist** ein **Junge,** er **ist** **Grundschüler**.

VERWANDTE WÖRTER

❶ Hören Sie sich folgende Wörter an und lesen Sie mit.

お父さん otōsan	**(Ihr/sein/ihr) Vater, Vater (als Anrede)**	お母さん okāsan	**(Ihre/seine/ihre) Mutter, Mutter (als Anrede)**
		お兄さん onīsan	**(Ihr/sein/ihr) älterer Bruder**
		お姉さん onēsan	**(Ihre/seine/ihre) ältere Schwester**
		弟さん otōtosan	**(Ihr/sein/ihr) jüngerer Bruder**
		妹さん imōtosan	**(Ihre/seine/ihre) jüngere Schwester**
ご主人 goshujin	**(Ihr/ihr) Ehemann**	主人 shujin	**(mein) Ehemann**
		夫 otto	**(mein) Ehemann**
奥さん okusan	**(Ihre/seine) Ehefrau**	家内 kanai	**(meine) Ehefrau**
		妻 tsuma	**(meine) Ehefrau**
		夫婦 fūfu	**Ehepaar**
		パートナー pātonā	**Partner/-in, Lebenspartner/-in**

お子さん okosan	**(Ihr/sein/ihr) Kind**	子 ko	**Kind**
		子供 kodomo	**Kind, Kinder**
		息子 musuko	**(mein) Sohn**
		娘 musume	**(meine) Tochter**
		息子さん musukosan	**(Ihr/sein/ihr) Sohn**
		娘さん musumesan	**(Ihre/seine/ihre) Tochter**
上の子 ue no ko	**das ältere Kind**	下の子 shita no ko	**das jüngere Kind**
男の子 otoko no ko	**Junge**	女の子 onna no ko	**Mädchen**
小学生 shōgakusei	**Grundschüler/-in**	中学生 chūgakusei	**Mittelschüler/-in**
		中学校 chūgakkō	**Mittelschule**
		小学校 shōgakkō	**Grundschule**
		幼稚園 yōchien	**Kindergarten**
		保育園 hoikuen	**Kindertagesstätte**

ÜBEN

1 Verbinden Sie die passende Kombination.

1. お父さん otōsan →	a) 兄 ani
2. お姉さん onēsan	b) 父 chichi
3. ご主人 goshujin	c) 姉 ane
4. お母さん okāsan	d) 妻 tsuma
5. 奥さん okusan	e) 母 haha
6. お兄さん onīsan	f) 夫 otto

2 Ergänzen Sie die fehlenden Wörter.

1. マリアさんの＿＿＿＿＿＿は日本人（にほんじん）です。	Marias Ehemann ist Japaner.
2. マリアさんは＿＿＿＿＿＿です。	Maria ist Hausfrau.
3. ＿＿＿＿＿＿は幼稚園（ようちえん）に通（かよ）っています。	Mein Sohn besucht den Kindergarten.
4. あそこに＿＿＿＿＿＿が3人（さんにん）います。	Da drüben sind drei Mädchen.
5. ＿＿＿＿＿＿は何歳（なんさい）ですか。	Wie alt ist Ihr jüngerer Bruder?
6. ＿＿＿＿＿＿は会社員（かいしゃいん）です。	Meine Mutter ist Firmenangestellte.

WIEDERHOLUNG

3 Lesen Sie jetzt den kleinen Text vom Beginn der Lektion nun komplett auf Japanisch.

1. 田中(たなか)さんは　5人(ごにん)家族(かぞく)です。

2. ご主人(しゅじん)の　お父(とう)さんと　住(す)んでいます。

3. 奥(おく)さんは　ドイツ人(じん)で、主婦(しゅふ)です。

4. お子(こ)さんが　2人(ふたり)　います。

5. 上(うえ)の子(こ)は　男(おとこ)の子(こ)で、小学生(しょうがくせい)です。

4 Übersetzen Sie die Sätze ins Deutsche.

1. ______________________________
2. ______________________________
3. ______________________________
4. ______________________________
5. ______________________________

5 Jetzt können Sie auf der ersten Seite der Lektion alle Wörter, die Sie gelernt haben, abhaken.

20

ARBEIT UND BERUF

Diese 10 grundlegenden japanischen Wörter lernen Sie in dieser Lektion:

072

Kann ich			
○	職業	shokugyō	*Beruf*
○	音楽家	ongakuka	*Musiker/-in*
○	食品	shokuhin	*Lebensmittel*
○	会社	kaisha	*Firma*
○	勤める	tsutomeru	*arbeiten, angestellt sein*
○	営業	eigyō	*Vertrieb, Verkauf*
○	担当する	tantō suru	*zuständig sein*
○	残業	zangyō	*Überstunden*
○	多い	ōi	*viel*
○	大変（な）	taihen (na)	*anstrengend*

LOS GEHT'S

1 Hören Sie sich die einzelnen Sätze mit den Lernwörtern genau an und lesen Sie mit.

姉(あね)の 職業(しょくぎょう)は 音楽家(おんがくか) です。

Meine ältere Schwester **ist** von **Beruf** **Musikerin**.

弟(おとうと)は 花屋(はなや)を しています。

Mein jüngerer Bruder **ist** **Florist**.

私(わたし)は 食品(しょくひん)の会社(かいしゃ)に 勤(つと)めています。

Ich **arbeite** **bei** einer **Lebensmittelfirma**.

営業(えいぎょう)を 担当(たんとう)しています。

Ich **bin** **für** den **Vertrieb** **zuständig**.

くて ist die te-Form der i-Adjektive.

残業(ざんぎょう)が多(おお)くて、 大変(たいへん) です。

Ich habe **viele Überstunden,** es **ist** **anstrengend**.

VERWANDTE WÖRTER

1 Hören Sie sich folgende Wörter an und lesen Sie mit. 074

職業 shokugyō	**Beruf**	仕事 shigoto	**Arbeit, Beruf**
音楽家 ongakuka	**Musiker/-in**	建築家 kenchikuka	**Architekt/-in**
		弁護士 bengoshi	**Anwalt, Anwältin**
		医者 isha	**Arzt, Ärztin**
		看護師 kangoshi	**Krankenpfleger/-in**
		教師 kyōshi	**Lehrer/-in**
		エンジニア enjinia	**Ingenieur/-in**
		ジャーナリスト jānarisuto	**Journalist/-in**
食品 shokuhin	**Lebensmittel**	衣料品 iryōhin	**Textilien**
		医薬品 iyakuhin	**Medikamente**
		電気製品 denki seihin	**Elektroartikel**
		自動車 jidōsha	**Auto**

会社 kaisha	**Firma**	企業 kigyō	**Unternehmen**
営業 eigyō	**Vertrieb, Verkauf**	経理 keiri	**Rechnungswesen, Buchhaltung**
		広報 kōhō	**Öffentlichkeitsarbeit**
		開発 kaihatsu	**Entwicklung**
		販売 hanbai	**Verkauf**
		マーケティング māketing	**Marketing**
残業 zangyō	**Überstunden**	出張 shutchō	**Dienstreise**
		給料 kyūryō	**Lohn, Gehalt**
		休み yasumi	**Urlaub**
多い ōi	**viel**	少ない sukunai	**wenig**
大変（な） taihen (na)	**anstrengend**	辛い tsurai	**bitter, hart, schmerzlich, mühsam**
		楽（な） raku (na)	**leicht, einfach, mühelos**
		楽しい tanoshii	**vergnüglich**

ÜBEN

1 Verbinden Sie die passenden Wörter.

1. 音楽家 ongakuka	a) Anwalt, Anwältin
2. 医者 isha	b) Musiker/-in
3. 弁護士 bengoshi	c) Arzt, Ärztin
4. 教師 kyōshi	d) Architekt/-in
5. 建築家 kenchikuka	e) Ingenieur/-in
6. エンジニア enjinia	f) Lehrer/-in

2 Ergänzen Sie die fehlenden Wörter.

1. 兄(あに)は __________ をしています。	Mein älterer Bruder ist Metzger.
2. 妹(いもうと)の職業(しょくぎょう)は __________ です。	Meine jüngere Schwester ist Journalistin von Beruf.
3. 父(ちち)は自動車(じどうしゃ)の __________ で働(はたら)いています。	Mein Vater arbeitet bei einer Automobilfirma.
4. 私(わたし)は __________ を担当(たんとう)しています。	Ich bin für den Vertrieb zuständig.
5. 私(わたし)の仕事(しごと)は __________ が多(おお)いです。	Bei meiner Arbeit habe ich viele Dienstreisen.

WIEDERHOLUNG

❸ Lesen Sie jetzt den kleinen Text vom Beginn der Lektion nun komplett auf Japanisch.

1. 姉(あね)の職業(しょくぎょう)は　音楽家(おんがくか)です。

2. 弟(おとうと)は　花屋(はなや)を　しています。

3. 私(わたし)は　食品(しょくひん)の会社(かいしゃ)に　勤(つと)めています。

4. 営業(えいぎょう)を　担当(たんとう)しています。

5. 残業(ざんぎょう)が　多(おお)くて、大変(たいへん)です。

❹ Übersetzen Sie die Sätze ins Deutsche.

1. ______________________________

2. ______________________________

3. ______________________________

4. ______________________________

5. ______________________________

❺ Jetzt können Sie auf der ersten Seite der Lektion alle Wörter, die Sie gelernt haben, abhaken.

21

KÖRPER UND AUSSEHEN

Diese 11 grundlegenden japanischen Wörter lernen Sie in dieser Lektion:

075

Kann ich

○	背	se	*Rücken, Statur*
○	背が高い	se ga takai	*groß (von Statur)*
○	髪	kami	*Haar, Haare*
○	金色	kin'iro	*golden*
○	目	me	*Auge*
○	丸い	marui	*rund*
○	眼鏡	megane	*Brille*
○	かける	kakeru	*aufziehen (Brille)*
○	とても	totemo	*sehr*
○	若い	wakai	*jung*
○	見える	mieru	*aussehen*

LOS GEHT'S

1 Hören Sie sich die einzelnen Sätze mit den Lernwörtern genau an und lesen Sie mit.

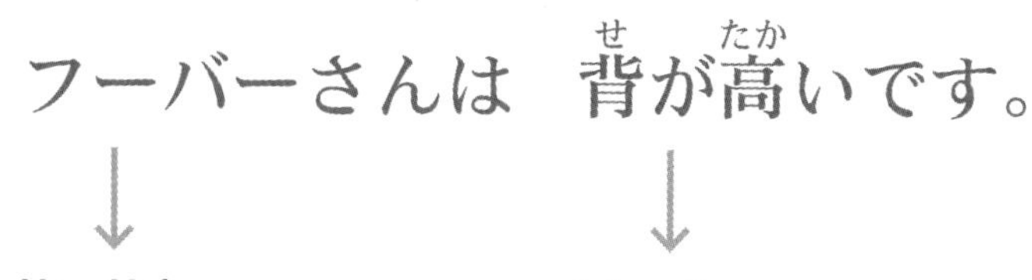

かける „aufsetzen" steht in der te-iru-Form. Dadurch wird ein Nachzustand „aufhaben" ausgedrückt.

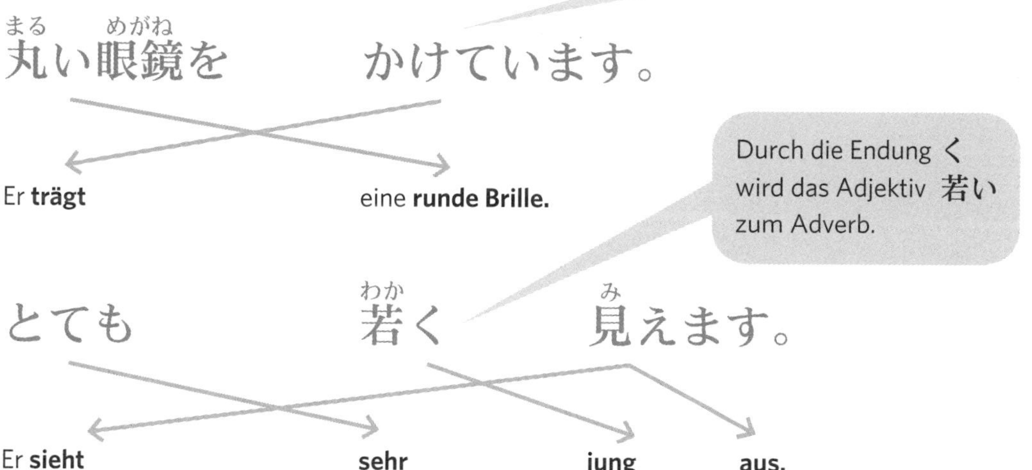

VERWANDTE WÖRTER

1 Hören Sie sich folgende Wörter an und lesen Sie mit.

077

背が高い se ga takai	**groß (von Statur)**	背が低い se ga hikui	**klein (von Statur)**
		痩せている yasete iru	**schlank**
		太っている futotte iru	**dick (Personen)**
		かっこいい kakko ii	**gutaussehend**

目 me	**Auge**	頭 atama	**Kopf**
		顔 kao	**Gesicht**
		鼻 hana	**Nase**
		口 kuchi	**Mund**
		耳 mimi	**Ohr**
		首 kubi	**Hals, Nacken**
		手 te	**Hand, Arm**
		足 ashi	**Fuß, Bein**

		指 yubi	**Finger, Zehe**
		体 karada	**Körper**
丸い marui	**rund**	四角い shikakui	**viereckig**
		細長い hosonagai	**dünn und lang**
		細い hosoi	**dünn, schlank**
眼鏡 megane	**Brille**	サングラス sangurasu	**Sonnenbrille**
		帽子 bōshi	**Hut**
		ネクタイ nekutai	**Krawatte**
		指輪 yubiwa	**Fingerring**
		ネックレス nekkuresu	**Halskette**
かける kakeru	**aufziehen (Brille)**	被る kaburu	**aufziehen (z.B. Hut)**
		締める shimeru	**umbinden (Krawatte)**
		する suru	**tragen (Accessoires)**

ÜBEN

1 Verbinden Sie die passenden Wörter.

1. 足 ashi	a) Ohr
2. 手 te	b) Mund
3. 耳 mimi	c) Hand, Arm
4. 目 me	d) Bein, Fuß
5. 口 kuchi	e) Gesicht
6. 顔 kao	f) Auge

2 Ergänzen Sie die fehlenden Wörter.

1. 田中(たなか)さんはちょっと__________。	Frau Tanaka ist ein bisschen dick.
2. __________が長(なが)いです。	Sie hat lange Haare.
3. __________をかけています。	Sie trägt eine Brille
4. __________を被(かぶ)っています。	Sie hat einen Hut auf.
5. とても__________です。	Sie ist sehr jung.
6. 田中(たなか)さんのご主人(しゅじん)は__________です。	Frau Tanakas Mann ist groß.
7. ____________________です。	Er ist gutaussehend.
8. いつも__________を締(し)めています。	Er trägt immer eine Krawatte.

WIEDERHOLUNG

3 Lesen Sie jetzt den kleinen Text vom Beginn der Lektion nun komplett auf Japanisch.

1. フーバーさんは　背（せ）が　高（たか）いです。
2. 髪（かみ）が　金色（きんいろ）です。
3. 目（め）が　小（ちい）さいです。
4. 丸（まる）い眼鏡（めがね）を　かけています。
5. とても　若（わか）く　見（み）えます。

4 Übersetzen Sie die Sätze ins Deutsche.

1. ______________________________
2. ______________________________
3. ______________________________
4. ______________________________
5. ______________________________

5 Jetzt können Sie auf der ersten Seite der Lektion alle Wörter, die Sie gelernt haben, abhaken.

22

GESUNDHEIT UND KRANKHEIT

Diese 10 grundlegenden japanischen Wörter lernen Sie in dieser Lektion:

078

Kann ich			
○	病気	byōki	*Krankheit, krank*
○	なる	naru	*werden*
○	ひどい	hidoi	*furchtbar, schrecklich*
○	風邪	kaze	*Erkältung*
○	喉	nodo	*Hals, Kehle*
○	痛い	itai	*weh tun, schmerzen*
○	それで	sorede	*daher*
○	薬	kusuri	*Medizin*
○	飲む	nomu	*einnehmen (Medizin)*
○	治る	naoru	*heilen, gesund werden*

LOS GEHT'S

1 Hören Sie sich die einzelnen Sätze mit den Lernwörtern genau an und lesen Sie mit.

079

私(わたし)は 先週(せんしゅう) 病気(びょうき)に なりました。

Ich **wurde** **letzte Woche** **krank**.

ひどい風邪(かぜ) でした。

でした ist die Vergangenheit von です.

Ich hatte eine **furchtbare Erkältung**.

喉(のど)も 痛(いた)かったです。

Mein **Hals** **tat** mir **auch** **weh.**

それで、 医者(いしゃ)に 行(い)きました。

Daher **ging** ich **zum Arzt**.

飲んで ist die te-Form von 飲む.

薬(くすり)を 飲(の)んで、 治(なお)りました。

Ich **nahm** **Medizin** **ein** und **wurde gesund.**

VERWANDTE WÖRTER

❶ Hören Sie sich folgende Wörter an und lesen Sie mit.

病気 byōki	**Krankheit, krank**	入院する nyūin suru	**ins Krankenhaus eingeliefert werden**
風邪 kaze	**Erkältung**	風邪を引く kaze o hiku	**sich erkälten**
		咳が出る seki ga deru	**husten**
		熱が出る netsu ga deru	**Fieber bekommen**
		熱がある netsu ga aru	**Fieber haben**
		鼻水が出る hanamizu ga deru	**eine Triefnase haben**
		目まいがする memai ga suru	**schwindelig sein**
		吐き気がする hakike ga suru	**Brechreiz verspüren**
		下痢する geri suru	**Durchfall haben**
		便秘する benpi suru	**Verstopfung haben**
		怪我をする kega o suru	**sich verletzen**

喉 nodo	**Hals, Kehle**	歯 ha	**Zahn**
		お腹 onaka	**Bauch**
		胃 i	**Magen**
		背中 senaka	**Rücken**
痛い itai	**weh tun**	だるい darui	**schlapp**
		痒い kayui	**jucken**
		苦しい kurushii	**sich elend fühlen, schmerzhaft**
医者 isha	**Arzt, Ärztin**	歯医者 haisha	**Zahnarzt**
		産婦人科 sanfujinka	**Frauenheilkunde, Frauenarzt**
		薬局 yakkyoku	**Apotheke**
薬 kusuri	**Medizin**	咳止め sekidome	**Hustenmittel**
		喉飴 nodoame	**Halstabletten, Halsbonbons**
		痛み止め itamidome	**Schmerzmittel**

ÜBEN

1 Verbinden Sie die passenden Wörter.

1. 熱がある netsu ga aru	a) sich schwindelig fühlen
2. 目まいがする memai ga suru	b) Halsschmerzen haben
3. 吐き気がする hakike ga suru	c) Fieber haben
4. 喉が痛い nodo ga itai	d) sich schlapp fühlen
5. 体がだるい karada ga darui	e) sich erkälten
6. 風邪を引く kaze o hiku	f) Brechreiz verspüren

2 Ergänzen Sie die fehlenden Wörter.

1. フーバーさんは ___________ です。	Herr Huber ist krank.
2. きのうから頭(あたま)が ___________ です。	Seit gestern habe ich Kopfschmerzen.
3. 目(め)が ___________ です。	Meine Augen jucken.
4. あした ___________ に行(い)きます。	Morgen gehe ich zum Arzt.
5. ___________ で喉飴(のどあめ)を買(か)います。	In der Apotheke kaufe ich Halstabletten.
6. 私(わたし)は毎日(まいにち) ___________ を飲(の)みます。	Ich nehme jeden Tag Medizin ein.
7. 病気(びょうき)が ___________。	Die Krankheit ist geheilt.

WIEDERHOLUNG

3 Lesen Sie jetzt den kleinen Text vom Beginn der Lektion nun komplett auf Japanisch.

1. 私(わたし)は　先週(せんしゅう)　病気(びょうき)に　なりました。
2. ひどい　風邪(かぜ)でした。
3. 喉(のど)も　痛(いた)かったです。
4. それで、医者(いしゃ)に　行(い)きました。
5. 薬(くすり)を　飲(の)んで、治(なお)りました。

4 Übersetzen Sie die Sätze ins Deutsche.

1. ______________________________
2. ______________________________
3. ______________________________
4. ______________________________
5. ______________________________

5 Jetzt können Sie auf der ersten Seite der Lektion alle Wörter, die Sie gelernt haben, abhaken.

23

NATUR UND WETTER

Diese 10 grundlegenden japanischen Wörter lernen Sie in dieser Lektion:

081

Kann ich			
○	島	shima	*Insel*
○	山	yama	*Berg*
○	季節	kisetsu	*Jahreszeit*
○	はっきりする	hakkiri suru	*klar unterscheiden*
○	冬	fuyu	*Winter*
○	寒い	samui	*kalt*
○	北	kita	*Norden*
○	地方	chihō	*Region*
○	雪	yuki	*Schnee*
○	雪が降る	yuki ga furu	*es schneit*

LOS GEHT'S

1 Hören Sie sich die einzelnen Sätze mit den Lernwörtern genau an und lesen Sie mit.

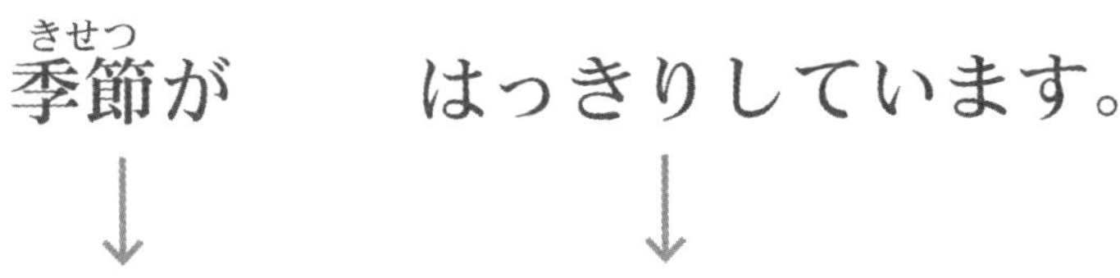

VERWANDTE WÖRTER

1 Hören Sie sich folgende Wörter an und lesen Sie mit.

083

山 yama	**Berg**	火山 kazan	**Vulkan**
		川 kawa	**Fluss**
		湖 mizuumi	**See**
		海 umi	**Meer**
		森 mori	**Wald**
		木 ki	**Baum**
		花 hana	**Blume**
冬 fuyu	**Winter**	春 haru	**Frühling**
		夏 natsu	**Sommer**
		秋 aki	**Herbst**
		梅雨 tsuyu	**Regenzeit (im Sommer)**
寒い samui	**kalt**	暖かい atatakai	**warm**

		暑い atsui	**heiß**
		蒸し暑い mushiatsui	**schwül**
		涼しい suzushii	**kühl**
北 kita	**Norden**	南 minami	**Süden**
		東 higashi	**Osten**
		西 nishi	**Westen**
雪 yuki	**Schnee**	雨 ame	**Regen**
		風 kaze	**Wind, Sturm**
		雲 kumo	**Wolke**
雪が降る yuki ga furu	**es schneit**	雨が降る ame ga furu	**es regnet**
		風が吹く kaze ga fuku	**es windet**
		晴れる hareru	**es ist gutes Wetter, es ist blauer Himmel**
		曇る kumoru	**es bewölkt sich**

ÜBEN

1 Verbinden Sie die passenden Wörter.

1. 冬 fuyu	a) Herbst
2. 秋 aki	b) Frühling
3. 夏 natsu	c) Sommer
4. 春 haru	d) Winter

2 Welches Wort passt nicht in die Reihe?

1. a) かわ b) みずうみ c) やま d) うみ

2. a) あめ b) きた c) ゆき d) くも

3
Ergänzen Sie die fehlenden Wörter.

1. きょうは__________が降(ふ)っています。	Heute schneit es.
2. 私(わたし)は__________が好(す)きです。	Ich mag das Meer.
3. 京都(きょうと)は大阪(おおさか)の__________にあります。	Kyoto liegt im Osten von Osaka.
4. 私(わたし)は__________が嫌(きら)いです。	Ich hasse den Herbst.
5. __________が多(おお)いです。	Es gibt viel Regen.
6. 日本(にほん)の夏(なつ)は__________です。	Der japanische Sommer ist schwül.

WIEDERHOLUNG

4 Lesen Sie jetzt den kleinen Text vom Beginn der Lektion nun komplett auf Japanisch.

1. 日本(にほん)は　島(しま)と山(やま)が　多(おお)いです。
2. 季節(きせつ)が　はっきりしています。
3. 冬(ふゆ)は　寒(さむ)いです。
4. 北(きた)の　地方(ちほう)で　雪(ゆき)が　降(ふ)ります。

5 Übersetzen Sie die Sätze ins Deutsche.

1. ______________________________
2. ______________________________
3. ______________________________
4. ______________________________

6 Jetzt können Sie auf der ersten Seite der Lektion alle Wörter, die Sie gelernt haben, abhaken.

24

WAHRNEHMUNG UND SINNE

Diese 10 grundlegenden japanischen Wörter lernen Sie in dieser Lektion:

084

Kann ich			
○	富士山	Fujisan	*der Fujiyama*
○	見える	mieru	*sehen können*
○	静か（な）	shizuka (na)	*ruhig*
○	美しい	utsukushii	*schön, hübsch*
○	思う	omou	*denken, meinen, finden*
○	気持ちがいい	kimochi ga ii	*angenehm, herrlich*
○	空気	kūki	*Luft*
○	景色	keshiki	*Aussicht*
○	匂い	nioi	*Geruch*
○	匂いがする	nioi ga suru	*riechen*

LOS GEHT'S

085

1 Hören Sie sich die einzelnen Sätze mit den Lernwörtern genau an und lesen Sie mit.

きょうは 富士山(ふじさん)が 見(み)えます。

Heute **kann** man den **Fujiyama** **sehen.**

静(しず)かで、 とても美(うつく)しいと 思(おも)います。

Ich **finde,** dass er **ruhig und** **sehr schön ist.**

と ist die Zitatpartikel und bedeutet „dass".

気持(きも)ちがいい！

Es **ist herrlich!**

空気(くうき)も 景色(けしき)も きれいです。

Sowohl die **Luft** **als auch** die **Aussicht** **sind schön.**

春(はる)の いい 匂(にお)いがします。

Es **riecht** **gut** nach **Frühling.**

VERWANDTE WÖRTER

❶ Hören Sie sich folgende Wörter an und lesen Sie mit.

086

見える mieru	**sehen können**	聞こえる kikoeru	**hören können**
		触る sawaru	**berühren, anfühlen**
静か（な） shizuka (na)	**ruhig**	にぎやか（な） nigiyaka (na)	**belebt**
		うるさい urusai	**laut, lärmend, störend**
美しい utsukushii	**schön, hübsch**	すてき（な） suteki (na)	**hübsch, großartig**
		すばらしい subarashii	**wunderbar, großartig**
		立派（な） rippa (na)	**prächtig**
思う omou	**denken, meinen, finden**	感じる kanjiru	**fühlen**
		考える kangaeru	**denken, nachdenken**
		言う iu	**sagen**
気持ちがいい kimochi ga ii	**angenehm, herrlich**	気持ちが悪い kimochi ga warui	**eklig, unangenehm; sich schlecht fühlen**

匂い nioi	**Geruch**	香り kaori	**Duft**
		味 aji	**Geschmack**
		音 oto	**Geräusch**
		感じ kanji	**Gefühl**
匂いがする nioi ga suru	**riechen**	香りがする kaori ga suru	**duften**
		味がする aji ga suru	**schmecken**
		音がする oto ga suru	**sich anhören**
		感じがする kanji ga suru	**fühlen, sich anfühlen**
		臭い kusai	**stinken**
いい ii	**gut**	変（な） hen (na)	**seltsam, ungewohnt**
		おかしい okashii	**seltsam, komisch**

ÜBEN

1 Verbinden Sie die passenden Wörter.

1. 味 aji	a) Gefühl
2. 音 oto	b) Geschmack
3. 匂い nioi	c) Farbe
4. 色 iro	d) Geruch
5. 感じ kanji	e) Geräusch

2 Ergänzen Sie die fehlenden Wörter.

1. __________な味(あじ)がします。	Es schmeckt komisch.
2. ここがおもしろいと__________。	Ich finde, dass es hier interessant ist.
3. __________がきれいです。	Die Aussicht ist schön.
4. ____________________か。	Können Sie mich hören?
5. ここからよく__________。	Von hier aus kann man gut sehen.
6. この町(まち)は__________です。	Diese Stadt ist ruhig.
7. きょうは暖(あたた)かくて、__________がいいですね。	Heute ist es warm, es ist herrlich, nicht wahr?

WIEDERHOLUNG

3 Lesen Sie jetzt den kleinen Text vom Beginn der Lektion nun komplett auf Japanisch.

1. きょうは　富士山（ふじさん）が　見（み）えます。
2. 静（しず）かで　とても美（うつく）しいと　思（おも）います。
3. 気持（きも）ちが　いい！
4. 空気（くうき）も　景色（けしき）も　きれいです。
5. 春（はる）の　いい匂（にお）いが　します。

4 Übersetzen Sie die Sätze ins Deutsche.

1. ______________________________
2. ______________________________
3. ______________________________
4. ______________________________
5. ______________________________

5 Jetzt können Sie auf der ersten Seite der Lektion alle Wörter, die Sie gelernt haben, abhaken.

25

CHARAKTER UND EIGENSCHAFTEN

Diese 10 grundlegenden japanischen Wörter lernen Sie in dieser Lektion:

087

Kann ich			
○	彼	kare	*Freund, er*
○	どんな	donna	*was für ein*
○	人	hito	*Mensch, Person*
○	優しい	yasashii	*nett, freundlich, liebenswürdig*
○	頭がいい	atama ga ii	*klug*
○	ピアノ	piano	*Klavier*
○	できる	dekiru	*können*
○	絵	e	*Bild, Malerei*
○	上手（な）	jōzu (na)	*gut können, geschickt sein*
○	金持ち	kanemochi	reich, reicher Mensch

LOS GEHT'S

088

1 Hören Sie sich die einzelnen Sätze mit den Lernwörtern genau an und lesen Sie mit.

新(あたら)しい　彼(かれ)は　どんな人　ですか。

Was für ein Mensch **ist** dein **neuer** **Freund?**

優(やさ)しくて、　頭(あたま)がいいです。

Er **ist nett** und **klug.**

ピアノが　できます。

Er **kann** **Klavier** spielen.

絵(え)も　上手(じょうず)です。

Auch malen **kann** er **gut.**

でも、　お金持(かねも)ちじゃないです。

Aber er **ist nicht reich.**

VERWANDTE WÖRTER

1 Hören Sie sich folgende Wörter an und lesen Sie mit. 089

彼 kare	**Freund, er**	彼氏 kareshi	**Freund (Umgangssprache)**
		ボーイフレンド bōi furendo	**Freund**
		彼女 kanojo	**Freundin, sie**
		ガールフレンド gāru furendo	**Freundin**
人 hito	**Mensch, Person**	女の人 onna no hito	**Frau**
		男の人 otoko no hito	**Mann**
優しい yasashii	**nett, freundlich, liebenswürdig**	親切（な） shinsetsu (na)	**freundlich**
		怖い kowai	**furchteinflößend**
		まじめ（な） majime (na)	**ernst**
		正直（な） shōjiki (na)	**ehrlich**
		明るい akarui	**heiter**
		勤勉（な） kinben (na)	**fleißig, eifrig**

		おとなしい otonashii	**ruhig, brav**
頭がいい atama ga ii	**klug, intelligent**	頭が悪い atama ga warui	**dumm**
		優秀（な） yūshū (na)	**hervorragend, exzellent**
		ばか（な） baka (na)	**blöd, dumm**
		そそっかしい sosokkashii	**vergesslich, zerstreut**
ピアノ piano	**Klavier**	バイオリン baiorin	**Geige**
		ギター gitā	**Gitarre**
上手（な） jōzu (na)	**gut können**	下手（な） heta (na)	**nicht gut können**
		苦手（な） nigate (na)	**nicht gut können**
金持ち kane mochi	**reich**	貧乏（な） binbō (na)	**arm, nicht wohlhabend**
		けち（な） kechi (na)	**geizig**
		偉い erai	**angesehen, einflussreich**

ÜBEN

1 Verbinden Sie die passenden Wörter.

1. 優しい yasashii	a) ernst
2. 厳しい kibishii	b) furchteinflößend
3. まじめ（な）majime (na)	c) nett, freundlich
4. 明るい akarui	d) streng
5. おとなしい otonashii	e) heiter, von sonnigem Gemüt
6. 怖い kowai	f) ruhig, brav

2 Ergänzen Sie die fehlenden Wörter.

1. 姉(あね)は＿＿＿＿＿＿がてきます。	Meine ältere Schwester kann Klavier spielen.
2. 日本語(にほんご)が＿＿＿＿＿＿です。	Sie kann gut Japanisch.
3. ＿＿＿＿＿＿人(ひと)と結婚(けっこん)したいですか。	Was für eine Person möchtest du heiraten?
4. ＿＿＿＿＿＿になりたいです。	Ich möchte reich werden.
5. 日本語(にほんご)が＿＿＿＿＿＿か。	Können Sie Japanisch?
6. 父(ちち)はまじめな＿＿＿＿＿＿です。	Mein Vater ist ein ernster Mensch.
7. 私(わたし)は料理(りょうり)が＿＿＿＿＿＿です。	Ich kann nicht gut kochen.
8. ＿＿＿＿＿＿が３人(にん)いました。	Es waren drei Männer da.

WIEDERHOLUNG

3 Lesen Sie jetzt den kleinen Text vom Beginn der Lektion nun komplett auf Japanisch.

1. 新(あたら)しい彼(かれ)は　どんな人(ひと)ですか。
2. 優(やさ)しくて、頭(あたま)が　いいです。
3. ピアノが　できます。
4. 絵(え)も　上手(じょうず)です。
5. でも、お金持(かねも)ちじゃないです。

4 Übersetzen Sie die Sätze ins Deutsche.

1. ______________________________
2. ______________________________
3. ______________________________
4. ______________________________
5. ______________________________

5 Jetzt können Sie auf der ersten Seite der Lektion alle Wörter, die Sie gelernt haben, abhaken.

26

Sport und Freizeit

Diese 10 grundlegenden japanischen Wörter lernen Sie in dieser Lektion:

Kann ich			
○	趣味	shumi	*Hobby*
○	スポーツ	supōtsu	*Sport*
○	週	shū	*Woche*
○	2回	nikai	*zweimal*
○	サッカー	sakkā	*Fußball*
○	する	suru	*spielen (Sport)*
○	チェロ	chero	*Cello*
○	弾く	hiku	*spielen (Saiteninstrument)*
○	友達	tomodachi	*Freund/-in*
○	映画館	eigakan	*Kino*

LOS GEHT'S

1 Hören Sie sich die einzelnen Sätze mit den Lernwörtern genau an und lesen Sie mit.

私(わたし)の 趣味(しゅみ)は スポーツ です。

Mein **Hobby** **ist** **Sport**.

週(しゅう)に 2回(にかい) サッカーを しています。

Zweimal **in** der **Woche** **spiele** ich **Fußball**.

Mit dem Verb in der te-Form und **います** kann man eine Gewohnheit ausdrücken.

ピアノとチェロも 弾(ひ)きます。

Ich **spiele** **auch Klavier und Cello.**

よく 友達(ともだち)と 映画館(えいがかん)に 行(い)きます。

Ich **gehe** **oft** **mit Freunden** **ins Kino**.

VERWANDTE WÖRTER

❶ Hören Sie sich folgende Wörter an und lesen Sie mit. 092

スポーツ supōtsu	**Sport**	運動 undō	**Bewegung, Sport**
		読書 dokusho	**Lesen**
		映画鑑賞 eiga kanshō	**Filmschauen**
		買い物 kaimono	**Einkaufen, Shopping**
		旅行 ryokō	**Reise**
		散歩 sanpo	**Spaziergang**
		ハイキング haikingu	**Wandern**
		ガーデニング gādeningu	**Gartenarbeit**
		ゲーム gēmu	**Spiel (z.B. Brettspiel, Computerspiel)**
週 shū	**Woche**	月 tsuki	**Monat**
		年 nen	**Jahr**
サッカー sakkā	**Fußball**	テニス tenisu	**Tennis**

		スキー sukī	**Ski**
		ジョギング jogingu	**Jogging**
		ヨガ yoga	**Yoga**
		水泳 suiei	**Schwimmen**
		野球 yakyū	**Baseball**
チェロ chero	**Cello**	フルート furūto	**Flöte**
		ドラム doramu	**Trommel**
		楽器 gakki	**Musikinstrument**
弾く hiku	**(Klavier, Saiten-instrument) spielen**	吹く fuku	**(Blasinstrument) spielen**
		叩く tataku	**schlagen**
		演奏する ensō suru	**(Musikinstrument, Musikstück) spielen**
映画館 eigakan	**Kino**	ディスコ disuko	**Disko**
		ジム jimu	**Fitnessstudio, Sportstudio**

ÜBEN

1 Verbinden Sie das Wort mit dem passenden Verb.

1. ピアノ piano — a) 叩く tataku
2. ゲーム gēmu — b) 弾く hiku
3. フルート furūto — c) する suru
4. ドラム doramu — d) 吹く fuku

2 Welche Wörter verbergen sich in dieser Buchstabenschlange?

テニススキーハイキングヨガジョギングサッカージム

3 Ergänzen Sie die fehlenden Wörter.

1. 私(わたし)の趣味(しゅみ)は __________ です。 Mein Hobby ist Reisen.
2. 月(つき)に一回(いっかい)、__________ に行(い)きます。 Ich gehe einmal im Monat ins Kino.
3. __________が好(す)きですか。 Mögen Sie Sport?
4. __________ とテニスをします。 Ich spiele mit Freunden Tennis.
5. 毎週(まいしゅう) __________ に行(い)きます。 Ich gehe jede Woche ins Fitnessstudio.
6. どんな __________ を弾(ひ)きますか。 Was für ein Musikinstrument spielen Sie?

WIEDERHOLUNG

4 Lesen Sie jetzt den kleinen Text vom Beginn der Lektion nun komplett auf Japanisch.

1. 私(わたし)の　趣味(しゅみ)は　スポーツです。

2. 週(しゅう)に　2回(にかい)　サッカーを　しています。

3. ピアノと　チェロも　弾(ひ)きます。

4. よく　友達(ともだち)と　映画館(えいがかん)に　行(い)きます。

5 Übersetzen Sie die Sätze ins Deutsche.

1. ______________________________

2. ______________________________

3. ______________________________

4. ______________________________

6 Jetzt können Sie auf der ersten Seite der Lektion alle Wörter, die Sie gelernt haben, abhaken.

27

TELEFONIEREN UND SMARTPHONE

Diese 10 grundlegenden japanischen Wörter lernen Sie in dieser Lektion:

Kann ich			
○	携帯電話	keitai denwa	*Handy*
○	持っている	motte iru	*haben, besitzen*
○	電話番号	denwa bangō	*Telefonnummer*
○	あとで	ato de	*später*
○	電話する	denwa suru	*anrufen*
○	ーてもいい	-te mo ii	*dürfen*
○	スマホ	sumaho	*Smartphone (Abk.)*
○	写真を撮る	shashin o toru	*fotografieren*
○	電池	denchi	*Batterie, Akku*
○	なくなる	nakunaru	*leer werden*

LOS GEHT'S

1 Hören Sie sich die einzelnen Sätze mit den Lernwörtern genau an und lesen Sie mit.

携帯電話を(けいたいでんわ) 持って(も)いますか。

Haben Sie ein **Handy**?

電話番号を(でんわばんごう) 教えて(おし)ください。

Sagen Sie mir **bitte** Ihre **Telefonnummer**!

あとで 電話(でんわ)してもいいですか。

Darf ich Sie **später** **anrufen?**

スマホで 写真(しゃしん)を撮(と)りました。

Ich **habe** **mit** dem **Smartphone** ein **Foto gemacht.**

Die Partikel で markiert hier das Mittel.

電池(でんち)が なくなりました。

Der **Akku** **ist leer geworden.**

VERWANDTE WÖRTER

❶ Hören Sie sich folgende Wörter an und lesen Sie mit. 095

携帯電話 keitai denwa	**Handy**	電話 denwa	**Telefon, Anruf**
電話番号 denwa bangō	**Telefonnummer**	住所 jūsho	**Adresse**
		メールアドレス mēru adoresu	**E-Mail-Adresse**
		アカウント akaunto	**Konto (z.B. für E-Mail, sozialen Medien)**
電話する denwa suru	**anrufen**	電話をかける denwa o kakeru	**anrufen**
		電話を切る denwa o kiru	**auflegen**
		連絡する renraku suru	**sich in Verbindung setzen, sich melden**
		メールする mēru suru	**mailen**
		メッセージを送る messēji o okuru	**eine Nachricht schicken**
スマホ sumaho	**Smartphone (Abk.)**	スマートフォン sumātofon	**Smartphone**
		カメラ kamera	**Kamera**
		アプリ apuri	**App**

		イヤホン iyahon	**Kopfhörer**
		充電ケーブル jūden kēburu	**Aufladekabel**
写真を撮る shashin o toru	**fotografieren**	撮影する satsuei suru	**fotografieren, filmen**
		録画する rokuga suru	**auf Video aufnehmen**
		録音する rokuon suru	**(Audio) aufnehmen**
		インストールする insutōru suru	**installieren**
		共有する kyōyū suru	**(Link etc.) teilen**
		フォローする forō suru	**jemandem (in sozialen Netzwerken) folgen**
電池 denchi	**Batterie, Akku**	バッテリー batterī	**Batterie, Akku**
		充電する jūden suru	**(Batterie) aufladen**

ÜBEN

1 Verbinden Sie die passenden Wörter.

1. 電話する denwa suru	a) Audio aufnehmen
2. 録音する rokuon suru	b) anrufen
3. 連絡する renraku suru	c) filmen, fotografieren
4. 撮影する satsuei suru	d) aufladen
5. 充電する jūden suru	e) sich in Verbindung setzen

2 Ergänzen Sie die fehlenden Wörter.

1. __________ を持(も)っていますか。	Haben Sie ein Smartphone?
2. ここで __________ を撮(と)りましょう。	Lasst uns hier ein Foto machen!
3. あとで __________ してください。	Bitte rufen Sie mich später an!
4. 新(あたら)しい __________ をインストールしました。	Ich habe eine neue App installiert.
5. 携帯電話(けいたいでんわ)の __________ がありません。	Das Handy hat keinen Akku mehr.
6. ____________________ を教(おし)えてください。	Bitte geben Sie mir Ihre E-Mail-Adresse!

WIEDERHOLUNG

3 Lesen Sie jetzt den kleinen Text vom Beginn der Lektion nun komplett auf Japanisch.

1. 携帯電話(けいたいでんわ)を　持(も)っていますか。
2. 電話番号(でんわばんごう)を　教(おし)えてください。
3. あとで　電話(でんわ)しても　いいですか。
4. スマホで　写真(しゃしん)を　撮(と)りました。
5. 電池(でんち)が　なくなりました。

4 Übersetzen Sie die Sätze ins Deutsche.

1. ______________________________
2. ______________________________
3. ______________________________
4. ______________________________
5. ______________________________

5 Jetzt können Sie auf der ersten Seite der Lektion alle Wörter, die Sie gelernt haben, abhaken.

INTERNET UND COMPUTER

Diese 10 grundlegenden japanischen Wörter lernen Sie in dieser Lektion:

096

✓ Kann ich			
○	パソコン	pasokon	*PC*
○	使い方	tsukaikata	*Verwendungsweise*
○	電源を入れる	dengen o ireru	*anschalten*
○	ログインする	roguin suru	*sich einloggen*
○	ファイル	fairu	*Datei*
○	開く	hiraku	*öffnen*
○	文字	moji	*Buchstaben*
○	入力する	nyūryoku suru	*eingeben*
○	文章	bunshō	*Text*
○	作成する	sakusei suru	*erstellen*

LOS GEHT'S

1 Hören Sie sich die einzelnen Sätze mit den Lernwörtern genau an und lesen Sie mit.

097

パソコンの使(つか)い方(かた)を　教(おし)えてください。

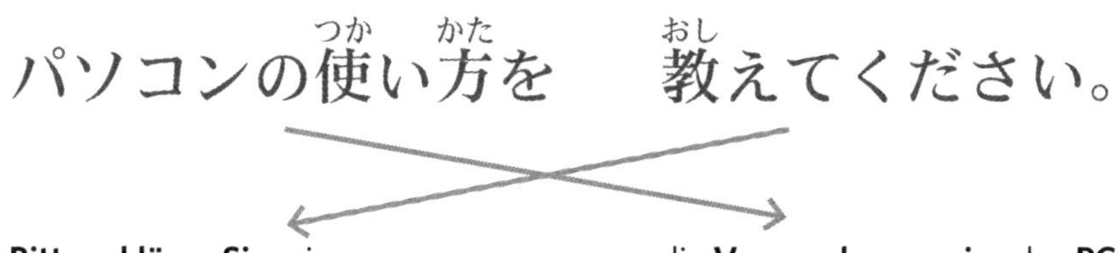

Bitte erklären Sie mir　die **Verwendungsweise** des **PCs.**

電源(でんげん)を入(い)れて、　ログインします。

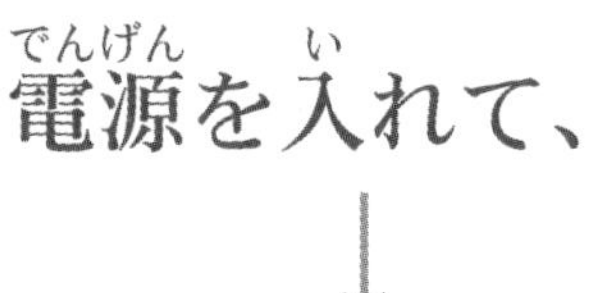

Man **schaltet** ihn **an und**　**loggt sich ein.**

ファイルを　開(ひら)きます。

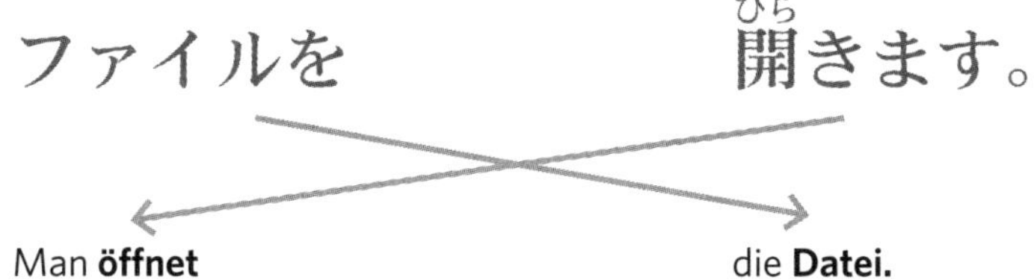

Man **öffnet**　die **Datei.**

文字(もじ)を 入力(にゅうりょく)して、　文章(ぶんしょう)を　作成(さくせい)します。

Man **gibt**　die **Buchstaben**　**ein und**　**erstellt**　den **Text.**

VERWANDTE WÖRTER

❶ Hören Sie sich folgende Wörter an und lesen Sie mit.

098

パソコン pasokon	**PC**	コンピューター konpyūtā	**Computer**
		タブレット taburetto	**Tablet**
		ディスプレイ disupurei	**Display**
		キーボード kībōdo	**Tastatur**
		マウス mausu	**Maus**
		ヘッドセット heddosetto	**Headset**
		プリンター purintā	**Drucker**
電源を入れる dengen o ireru	**anschalten**	電源を切る dengen o kiru	**abschalten**
		起動する kidō suru	**(einen Computer) starten**
		シャットダウンする shattodaun suru	**(einen Computer) abschalten**
ログイン roguin	**Einloggen**	ログアウト roguauto	**Ausloggen**

ファイル fairu	**Datei**	フォルダー forudā	**Ordner**
		プログラム puroguramu	**Programm**
		ソフトウェア sofuto wea	**Software**
		ブラウザ burauza	**Browser**
		インターネット intānetto	**Internet**
		ウェブサイト webusaito	**Webseite**
開く hiraku	**öffnen**	閉じる tojiru	**schließen**
文字 moji	**Buchstaben**	数字 sūji	**Ziffern**
文章 bunshō	**Text**	表 hyō	**Tabelle**
		文書 bunsho	**Dokument**
作成する sakusei suru	**erstellen**	保存する hozon suru	**speichern**
		印刷する insatsu suru	**drucken**

ÜBEN

1 Verbinden Sie die passenden Wörter.

1. パソコン pasokon →	a) Drucker
2. メール mēru	b) PC
3. プリンター purintā	c) Einloggen
4. キーボード kībōdo	d) Datei
5. ファイル fairu	e) Tastatur
6. ログイン roguin	f) E-Mail

2 Ergänzen Sie die fehlenden Wörter.

1. 私(わたし)は毎日(まいにち) ________ を読(よ)みます。	Ich lese jeden Tag meine E-Mails.
2. 友達(ともだち)に旅行(りょこう)の ________ を送(おく)りました。	Ich habe meinen Freunden Fotos von der Reise gesendet.
3. パソコンに ________ を保存(ほぞん)します。	Ich speichere die Datei auf dem Computer.
4. 文書(ぶんしょ)を ________。	Ich drucke das Dokument aus.
5. ________ で買(か)い物(もの)をします。	Ich kaufe im Internet ein.
6. ________ の中(なか)にファイルがあります。	In dem Ordner gibt es die Datei.

WIEDERHOLUNG

3 Lesen Sie jetzt den kleinen Text vom Beginn der Lektion nun komplett auf Japanisch.

1. パソコンの使(つか)い方(かた)を　教(おし)えてください。

2. 電源(でんげん)を　入(い)れて、ログインします。

3. ファイルを　開(ひら)きます。

4. 文字(もじ)を　入力(にゅうりょく)して、文章(ぶんしょう)を　作成(さくせい)します。

4 Übersetzen Sie die Sätze ins Deutsche.

1. ______________________________

2. ______________________________

3. ______________________________

4. ______________________________

5 Jetzt können Sie auf der ersten Seite der Lektion alle Wörter, die Sie gelernt haben, abhaken.

29

STAAT UND POLITIK

Diese 10 grundlegenden japanischen Wörter lernen Sie in dieser Lektion:

099

Kann ich			
○	東アジア	higashi Ajia	*Ostasien*
○	国	kuni	*Land, Staat*
○	人口	jinkō	*Bevölkerung, Einwohnerzahl*
○	約	yaku	*ungefähr*
○	1億2千万	ichioku nisenman	*120 Millionen*
○	首都	shuto	*Hauptstadt*
○	東京	Tōkyō	*Tokyo (Stadtname)*
○	政治	seiji	*Politik*
○	体制	taisei	*System*
○	民主主義	minshu shugi	*Demokratie*

LOS GEHT'S

1 Hören Sie sich die einzelnen Sätze mit den Lernwörtern genau an und lesen Sie mit.

日本(にほん)は 東(ひがし)アジアの国(くに) です。

Japan **ist** ein **Land** in **Ostasien**.

人口(じんこう)は 約(やく) 1(いち)億(おく)2(に)千万人(せんまんにん) です。

Die **Bevölkerung** **beträgt** **ungefähr** **120 Millionen Menschen**.

首都(しゅと)は 東京(とうきょう) です。

Die **Hauptstadt** **ist** **Tokyo**.

政治(せいじ)の体制(たいせい)は 民主主義(みんしゅしゅぎ) です。

Das **politische System** **ist** eine **Demokratie**.

VERWANDTE WÖRTER

❶ Hören Sie sich folgende Wörter an und lesen Sie mit. 101

東アジア higashi Ajia	**Ostasien**	アジア Ajia	**Asien**
		ヨーロッパ Yōroppa	**Europa**
		アフリカ Afurika	**Afrika**
		オセアニア Oseania	**Ozeanien**
国 kuni	**Land, Staat**	州 shū	**Bundesland, Bundesstaat, Kanton, Provinz**
		県 ken	**Präfektur**
		市 shi	**Stadt**
億 oku	**einhundert Millionen**	百万 hyakuman	**eine Million**
		千万 senman	**zehn Millionen**
		兆 chō	**Billion**
政治 seiji	**Politik**	政治家 seijika	**Politiker/-in**
		政党 seitō	**Partei**

		政府 seifu	**Regierung**
		議会 gikai	**Parlament**
		議員 giin	**Abgeordnete/-r**
		大臣 daijin	**Minister/-in**
		首相 shushō	**Premierminister/-in, Kanzler/-in**
		大統領 daitōryō	**Präsident/-in**
		知事 chiji	**Gouverneur**
		市長 shichō	**Bürgermeister/-in**
		選挙 senkyo	**Wahl**
		投票する tōhyō suru	**abstimmen, wählen**
民主主義 minshu shugi	**Demokratie**	社会主義 shakai shugi	**Sozialismus**
		資本主義 shihon shugi	**Kapitalismus**
		共産主義 kyōsan shugi	**Kommunismus**

ÜBEN

1 Verbinden Sie die passenden Wörter.

1. 政治家 seijika	a) Abgeordnete/-r
2. 首相 shushō	b) Präsident/-in
3. 議員 giin	c) Politiker/-in
4. 市長 shichō	d) Minister/-in
5. 大臣 daijin	e) Kanzler/-in
6. 大統領 daitōryō	f) Bürgermeister/-in

2 Ergänzen Sie die fehlenden Wörter.

1. ドイツは ________ にあります。	Deutschland ist in Europa.
2. ドイツの ________ はベルリンです。	Die Hauptstadt von Deutschland ist Berlin.
3. ドイツの ________ は約(やく) ８千(はっせん) ３００万人(さんびゃくまんにん)です。	Deutschland hat ungefähr 83 Millionen Einwohner.
4. ドイツも日本(にほん)も ________ の国(くに)です。	Sowohl Deutschland als auch Japan sind demokratische Länder.
5. 来週(らいしゅう)、________ があります。	Nächste Woche ist die Wahl.

WIEDERHOLUNG

3 Lesen Sie jetzt den kleinen Text vom Beginn der Lektion nun komplett auf Japanisch.

にほん　ひがし　くに
1. 日本は　東アジアの国です。

じんこう　やく　いち　おく　に　せんまんにん
2. 人口は　約 1 億 2 千万人です。

しゅと　とうきょう
3. 首都は　東京です。

せいじ　たいせい　みんしゅしゅぎ
4. 政治の体制は　民主主義です。

4 Übersetzen Sie die Sätze ins Deutsche.

1. ______________________________

2. ______________________________

3. ______________________________

4. ______________________________

5 Jetzt können Sie auf der ersten Seite der Lektion alle Wörter, die Sie gelernt haben, abhaken.

30

KUNST & KULTUR

Diese 10 grundlegenden japanischen Wörter lernen Sie in dieser Lektion:

102

Kann ich			
○	伝統的（な）	dentōteki (na)	*traditionell*
○	文化	bunka	*Kultur*
○	興味がある	kyōmi ga aru	*sich interessieren*
○	祭り	matsuri	*Fest*
○	現代	gendai	*Gegenwart, Moderne*
○	芸術	geijutsu	*Kunst*
○	画家	gaka	*Maler/-in*
○	作品	sakuhin	*Werk*
○	世界	sekai	*Welt*
○	人気がある	ninki ga aru	*beliebt sein, populär sein*

LOS GEHT'S

1 Hören Sie sich die einzelnen Sätze mit den Lernwörtern genau an und lesen Sie mit.

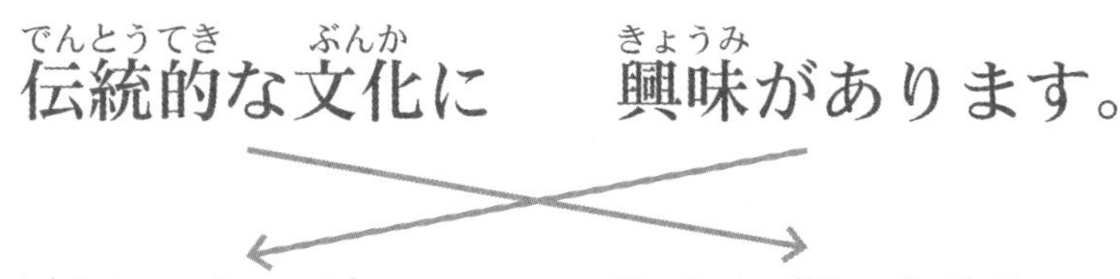

伝統的(でんとうてき)な文化(ぶんか)に　興味(きょうみ)があります。

Ich **interessiere mich** **für** die **traditionelle Kultur**.

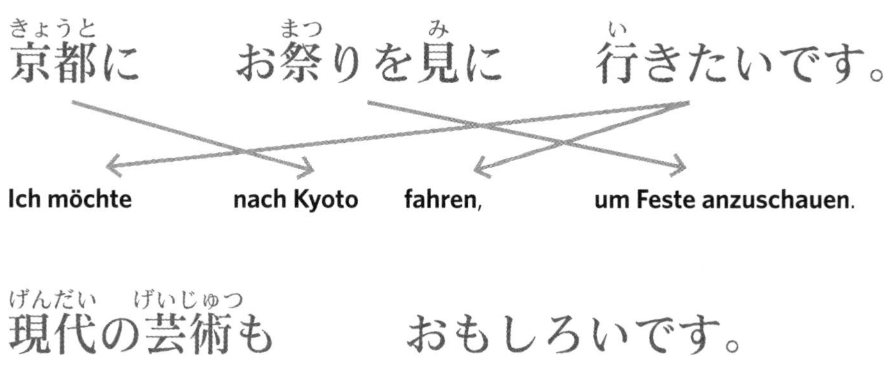

京都(きょうと)に　お祭(まつ)りを見(み)に　行(い)きたいです。

Ich möchte **nach Kyoto** **fahren**, **um Feste anzuschauen**.

現代(げんだい)の芸術(げいじゅつ)も　おもしろいです。

Auch moderne Kunst **ist interessant**.

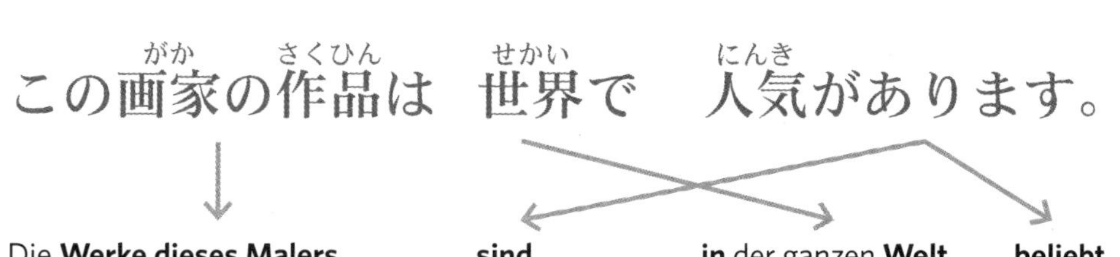

この画家(がか)の作品(さくひん)は　世界(せかい)で　人気(にんき)があります。

Die **Werke dieses Malers** **sind** **in** der ganzen **Welt** **beliebt**.

VERWANDTE WÖRTER

1 Hören Sie sich folgende Wörter an und lesen Sie mit.

伝統的（な） dentōteki (na)	**traditionell**	モダン（な） modan (na)	**modern**
祭り matsuri	**Fest**	イベント ibento	**Veranstaltung, Event**
現代 gendai	**Gegenwart, Moderne**	古代 kodai	**Altertum**
		近代 kindai	**Neuzeit, Moderne**
		歴史 rekishi	**Geschichte**
芸術 geijutsu	**die Künste**	美術 bijutsu	**Kunst, Malerei**
		絵画 kaiga	**Gemälde**
		彫刻 chōkoku	**Skulptur**
		文学 bungaku	**Literatur**
		音楽 ongaku	**Musik**
		歌 uta	**Lied**
		演劇 engeki	**Theater**

		オペラ opera	**Oper**
		バレエ baree	**Ballett**
		ダンス dansu	**Tanz**
画家 gaka	**Maler/-in**	彫刻家 chōkokuka	**Bildhauer/-in**
		芸術家 geijutsuka	**Künstler/-in**
		作家 sakka	**Schriftsteller/-in, Künstler/-in**
		小説家 shōsetsuka	**Romanschrift-steller/-in**
		漫画家 mangaka	**Mangazeichner/-in**
		作曲家 sakkyokuka	**Komponist/-in**
		歌手 kashu	**Sänger/-in**
		俳優 haiyū	**Schauspieler/-in**
		監督 kantoku	**Regisseur/-in**

ÜBEN

1 Verbinden Sie die passenden Wörter.

1. 文化 bunka	a) Film
2. 祭り matsuri	b) Literatur
3. 映画 eiga	c) Musik
4. 文学 bungaku	d) Kultur
5. 美術 bijutsu	e) Fest
6. 音楽 ongaku	f) Kunst

2 Ergänzen Sie die fehlenden Wörter.

1. 古(ふる)い ________ に興味(きょうみ)があります。	Ich interessiere mich für alte Kultur.
2. 日本(にほん)の漫画(まんが)は世界(せかい)で ________ があります。	Japanische Mangas sind in der ganzen Welt beliebt.
3. 日本(にほん)の ________ を知(し)っていますか。	Kennen Sie japanische Lieder?
4. ____________ なお祭(まつ)りを見(み)に行(い)きました。	Ich habe ein traditionelles Fest besucht.
5. この人(ひと)は有名(ゆうめい)な ________ です。	Diese Person ist ein berühmter Schauspieler.

WIEDERHOLUNG

3 Lesen Sie jetzt den kleinen Text vom Beginn der Lektion nun komplett auf Japanisch.

1. 伝統的(でんとうてき)な文化(ぶんか)に　興味(きょうみ)が　あります。
2. 京都(きょうと)に　お祭(まつ)りを　見(み)に　行(い)きたいです。
3. 現代(げんだい)の芸術(げいじゅつ)も　おもしろいです。
4. この画家(がか)の作品(さくひん)は　世界(せかい)で　人気(にんき)が　あります。

4 Übersetzen Sie die Sätze ins Deutsche.

1. ______________________________
2. ______________________________
3. ______________________________
4. ______________________________

5 Jetzt können Sie auf der ersten Seite der Lektion alle Wörter, die Sie gelernt haben, abhaken.

L

LÖSUNGEN

LEKTION 1

1 1e, 2b, 4c, 5a

2 1. 日本語（にほんご）

2. 来（き）ました

3. お願（ねが）いします

4. 住（す）んでいます

5. 少（すこ）し oder ちょっと

6. 分（わ）かりません

7. 申（もう）します

8. はじめまして

4 1. Guten Tag. Ich heiße Huber.
2. Ich komme aus Deutschland.
3. Ich wohne in einer kleinen Stadt.
4. Ich verstehe ein bisschen Japanisch.
5. Ich bitte um Ihr Wohlwollen.

LEKTION 2

1 1c, 2b, 3e, 4a, 5d

2 1b (alles Zeitwörter, ありがとう „danke“),
2c (alles Ausdrücke für „ja“, ううん „nein“)

3 1. いい

2. 元気（げんき）

3. こんばんは

4. 忙（いそが）しい

5. 来週（らいしゅう）

6. ありがとう

4 1. Guten Morgen, Frau/Herr Huber!
2. Geht es Ihnen gut?
3. Ja. Mir geht es gut. Danke (sehr)!
4. Es ist gutes Wetter, nicht wahr?
5. Ja dann, bis (wieder) zum nächsten Mal.

LEKTION 3

1 2b, 3c, 4e, 5a

2 1. 買（か）います

2. います

3. あります

4. 何本（なんぼん）

5. 3枚（さんまい）

6. 猫（ねこ）

7. たくさん
8. １０個（じゅっこ）

3 1. Ich habe eine Briefmarke gekauft./Ich kaufte eine Briefmarke.
2. Ich kaufe einen Kugelschreiber.
3. Ich kaufe ein Stück Kuchen.
4. Es gibt zwei Hunde./Ich habe zwei Hunde.

LEKTION 4

1 1b, 3d, 4c, 5a

2 1. きょう
2. 何時（なんじ）
3. 誕生日（たんじょうび）
4. 今（いま）
5. いつ
6. 午前（ごぜん）
7. 午後（ごご）
8. １月（いちがつ），４月（しがつ）

3 1. Wann ist Ihr/dein Geburtstag?
2. Er ist am 1. Januar.
3. Entschuldigung, (aber) wie viel Uhr ist es jetzt?
4. Es ist schon 15:30 nachmittags.
5. Die Besprechung ist von 4 bis 5 Uhr.

LEKTION 5

1 おもしろい spannend,
あたらしい neu,
つまらない langweilig,
おいしい lecker,
たのしそう lustig, angenehm,
こわい furchtbar,
めずらしい selten,
ゆうめい berühmt

2 1. 週末（しゅうまつ）
2. 会（あ）いません
3. いつ
4. 映画（えいが）
5. 一緒（いっしょ）
6. レストラン
7. 新（あたら）しい
8. 時間（じかん）

4 1. Haben Sie/Hast Du am Wochenende Zeit?
2. Wollen wir zusammen einen Film anschauen gehen?
3. Es läuft ein spannender Film.
4. Wo sollen wir uns treffen?

LEKTION 6

1 1c, 2a, 4b, 5e, 6g, 7d, 8h

2 1. どこ
2. 信号（しんごう）
3. となり
4. まっすぐ
5. １０分（じゅっぷん）
6. 渡（わた）ります

4 1. Wo ist das Postamt?
2. Gehen Sie bitte hier geradeaus.
3. An der Ampel biegen Sie rechts ab.
4. Das Postamt ist rechts vom Café.
5. Von hier aus dauert es ungefähr fünf Minuten.

LEKTION 7

1 1e, 2d, 4f, 5c, 6b

2 1. 公園（こうえん）
2. 近（ちか）い
3. 歩（ある）いて
4. バス
5. 速（はや）い

4 1. Wie geht/kommt man denn am besten zum Schloss?
2. Das Schloss ist weit (weg) von hier.
3. Kann man zum Schloss zu Fuß gehen?
4. Sie sollten besser mit dem Taxi fahren.
5. Ein Taxi ist schneller als der Bus.

LEKTION 8

1 2d, 3a, 4c, 5b, 6e

2 バイク Motorrad;
タクシー Taxi;
バス Bus;
フェリー Fähre;
トラック LKW;
キックボード Roller, Scooter

3 1. 駅（えき）
2. 乗（の）ります
3. 電車（でんしゃ）
4. 空港（くうこう）
5. タクシー乗（の）り場（ば）

5 1. Von Zuhause zum Bahnhof fuhr ich mit dem Fahrrad.
2. Die Straße war ziemlich voll.
3. Am Bahnhof stieg ich in den Zug ein/nahm ich den Zug.
4. Nach einer Stunde kam ich endlich an.

LEKTION 9

1 2c, 3b, 4g, 5d, 6a, 7f

2 1. 切符（きっぷ）
2. 行（い）き
3. 階段（かいだん）
4. 往復切符（おうふくきっぷ）
5. グリーン車（しゃ）

4 1. Fahrkarten kann man am Fahrkartenschalter kaufen.
2. Ich möchte gerne morgen nach Kyoto fahren.
3. Einfache Fahrt, oder Hin und Zurück?
4. Eine Rückfahrkarte bitte.
5. Der Shinkansen nach Kyoto fährt von Gleis 1.

LEKTION 10

1 2a, 3d, 4e, 5c, 6f

2 1b (alles Getränke, ケーキ „Kuchen“),
2d (alles Getränke, サラダ „Salat“)

3 1. 鶏肉（とりにく）
2. スープ
3. 2つ（ふた）
4. コーヒー

4 1. Was ist das hier?
2. Das ist ein Fischgericht.
3. Eine Suppe und einen Salat bitte!
4. Und einen Saft bitte!

LEKTION 11

1 2d, 3b, 4a, 5c

2 1. 予約（よやく）
2. 付（つ）き
3. 2泊（にはく）
4. なし
5. 荷物（にもつ）
6. キャンセル

4 1. Ich habe ein Einzelzimmer reserviert.
2. Für eine Nacht, nicht wahr?
3. Mit Frühstück macht das 23.000 Yen.
4. Könnten Sie meine Wertsachen für mich aufbewahren?

LEKTION 12

1 2d, 3a, 4b, 5c

2 1. アパート
2. 1階（いっかい）
3. リビング
4. 台所（だいどころ） oder キッチン
5. 大（おお）きい oder 広（ひろ）い
6. 暗（くら）い

4 1. Ich wohne in einer Wohnung.
2. Mein Zuhause befindet sich/Meine Wohnung liegt im 1. Stock.
3. In der Küche gibt es einen Tisch und Stühle etc.
4. Mein Haus ist hell.

LEKTION 13

1 2b, 3c, 4a, 5e

2 1. 食（た）べます
2. 飲（の）みます
3. 作（つく）ります
4. 好（す）き
5. 好（す）きじゃない oder 嫌（きら）い
6. 毎日（まいにち）
7. おいしい

4 1. Ich esse jeden Tag Reis.
2. Ich koche oft japanisches Essen.
3. Denn ich mag Tofu.
4. Aber süße Sachen mag ich nicht.

LEKTION 14

1 1c (alles Obst, バター „Butter"),
2d (alles Gemüse, ハム „Schinken"),
3b (alles Geschäfte, やすい „billig")

2 1. 行(い)ってきます
2. なければなりません
3. 要(い)ります
4. 安(やす)い
5. 牛乳(ぎゅうにゅう)
6. 1(ひと)パック
7. 高(たか)い
8. しょうゆ

4 1. Ich gehe kurz zum Supermarkt.
2. Ich muss Reis kaufen.
3. Ich brauche auch Milch.
4. Eine Packung kostet 134 Yen, das ist billig.

LEKTION 15

1 2c, 3e, 4f, 5d, 6a

2 1. 探(さが)します oder 探(さが)しています
2. サイズ
3. グレー
4. 履(は)きます
5. 着(き)ます
6. かわいい
7. 短(みじか)い
8. 色(いろ)

4 1. Ich suche einen Pullover.
2. Haben Sie einen roten?
3. Ich möchte ihn anprobieren.
4. Die Farbe ist schön, aber er ist etwas zu lang.

LEKTION 16

1 2e, 3b, 4f, 5a, 6d

2 1. 政治学(せいじがく)
2. 2年生(にねんせい)
3. 難(むずか)しい
4. 先生(せんせい)
5. 専攻(せんこう)
6. 研究(けんきゅう)

4 1. Ich bin Student/Studentin im ersten Studienjahr.
2. Mein Studienfach/Mein Hauptfach ist Wirtschaftswissenschaft.
3. Ich lerne gerade Kanji.
4. Die Prüfung ist/Die Prüfungen sind schwierig.
5. Der Lehrer/Die Lehrerin ist streng./Die Lehrer sind streng.

LEKTION 17

1 2f, 3d, 4e, 5a, 6c

2 1. 起(お)きます
2. 洗(あら)います
3. 新聞(しんぶん)
4. ニュース
5. 働(はたら)きます oder 仕事(しごと)をします
6. 週末(しゅうまつ)

4 1. An Werktagen/Werktags stehe ich immer um 6:30 auf.
2. Ich dusche und lese dann Zeitung.
3. Um ca. 8 Uhr verlasse ich das Haus.
4. Von 9 Uhr bis 5 Uhr arbeite ich.
5. Ich kehre nach Hause zurück und putze.

LEKTION 18

1 1c (alles Bezeichnungen für männliche Familienmitglieder, あね „ältere Schwester"),
2a (alles Bezeichnungen für weibliche Familienmitglieder, あに „älterer Bruder"),
3b (alles Familienbezeichnungen, だいがく „Universität")

2 1. 6人(ろくにん)
2. 父(ちち)
3. 兄弟(きょうだい)
4. 24歳(にじゅうよんさい)
5. 姉(あね)
6. 結婚(けっこん)
7. 留学(りゅうがく)

4 1. Meine Familie sind vier Personen.
2. Mein Großvater, meine Mutter und mein älterer Bruder./Ich habe einen Großvater, eine Mutter und einen älteren Bruder.
3. Meine Mutter ist 52 Jahre alt, sie ist Firmenangestellte.
4. Mein älterer Bruder studiert gerade in Frankreich/ist gerade zum Auslandsstudium in Frankreich.
5. Ich werde nächstes Jahr heiraten.

LEKTION 19

1 2c, 3f, 4e, 5d, 6a

2 1. ご主人(しゅじん)
2. 主婦(しゅふ)
3. 息子(むすこ)
4. 女(おんな)の子(こ)
5. 弟(おとうと)さん
6. 母(はは)

4 1. Familie Tanaka ist eine fünfköpfige Familie.
2. Sie wohnen mit dem Vater des Ehemanns zusammen.
3. Die Ehefrau ist Deutsche, sie ist Hausfrau.
4. Sie haben zwei Kinder.
5. Das ältere Kind ist ein Junge, er ist Grundschüler.

LEKTION 20

1 2c, 3a, 4f, 5d, 6e

2 1. 肉屋（にくや）
2. 記者（きしゃ）
3. 会社（かいしゃ）
4. 営業（えいぎょう）
5. 出張（しゅっちょう）

4 1. Meine ältere Schwester ist von Beruf Musikerin.
2. Mein jüngerer Bruder ist Florist.
3. Ich arbeite bei einer Lebensmittelfirma.
4. Ich bin für den Vertrieb zuständig.
5. Ich habe viele Überstunden, es ist anstrengend.

LEKTION 21

1 2c, 3a, 4f, 5b, 6e

2 1. 太（ふと）っています
2. 髪（かみ）
3. 眼鏡（めがね）
4. 帽子（ぼうし）
5. 若（わか）い
6. 背（せ）が高（たか）い
7. かっこいい
8. ネクタイ

4 1. Herr/Frau Huber ist groß.
2. Seine/Ihre Haare sind blond. Oder: Er/Sie hat blonde Haare.
3. Seine/Ihre Augen sind klein. Oder: Er/Sie hat kleine Augen.
4. Er/Sie trägt eine runde Brille.
5. Er/Sie sieht sehr jung aus.

LEKTION 22

1 1c, 2a, 3f, 5d, 6e

2 1. 病気（びょうき）
2. 痛（いた）い
3. 痒（かゆ）い
4. 医者（いしゃ）
5. 薬局（やっきょく）
6. 薬（くすり）
7. 治（なお）りました

4 1. Ich wurde/war letzte Woche krank.
2. Ich hatte eine furchtbare Erkältung.
3. Auch der Hals tat mir weh./Mein Hals tat auch weh.
4. Daher ging ich zum Arzt.
5. Ich nahm Medizin ein und wurde (wieder) gesund.

LEKTION 23

1 2a, 3c, 4b

2 1c (alles Gewässer, やま „Berg“), 2b (alles Wetterausdrücke, きた „Norden“)

3 1. 雪(ゆき)
2. 海(うみ)
3. 東(ひがし)
4. 秋(あき)
5. 雨(あめ)
6. 蒸(む)し暑(あつ)い

5 1. Japan hat viele Inseln und Berge.
2. Die Jahreszeiten unterscheiden sich deutlich.
3. Der Winter ist kalt.
4. In den Regionen im Norden schneit es.

LEKTION 24

1 1b, 2e, 3d, 4c

2. 1. 変(へん)
2. 思(おも)います
3. 景色(けしき)
4. 聞(き)こえます
5. 見(み)えます
6. 静(しず)か
7. 気持(きも)ち

4 1. Heute kann man den Fujiyama sehen.
2. Ich finde, dass er ruhig und sehr schön ist.
3. Es ist herrlich!
4. Sowohl die Luft als auch die Aussicht sind schön.
5. Es riecht gut nach Frühling.

LEKTION 25

1 1c, 2d, 3a, 4e, 5f

2 1. ピアノ
2. 上手(じょうず)
3. どんな
4. (お)金持(かねも)ち
5. できます
6. 人(ひと)
7. 下手(へた)
8. 男(おとこ)の人(ひと)

4 1. Was für ein Mensch ist dein/Ihr neuer Freund?
2. Es ist nett und klug.
3. Er kann Klavier spielen.
4. Auch malen kann er gut.
5. Aber er ist nicht reich.

LEKTION 26

1 2c, 3d, 4a

2 テニス Tennis; スキー Ski;
ハイキング Wandern (von engl. hiking);
ヨガ Yoga;
ジョギング Jogging;

サッカー Fußball (von engl. soccer);
ジム Fitnessstudio (von engl. gym)

3 1. 旅行（りょこう）
2. 映画館（えいがかん）
3. スポーツ
4. 友達（ともだち）
5. ジム
6. 楽器（がっき）

5 1. Mein Hobby ist Sport.
2. Zweimal in der Woche spiele ich Fußball.
3. Ich spiele auch Klavier und Cello.
4. Ich gehe oft mit Freunden ins Kino.

LEKTION 27

1 2a, 3e, 4c, 5d

2 1. スマホ oder スマートフォン
2. 写真（しゃしん）
3. 電話（でんわ）
4. アプリ
5. 電池（でんち）
6. メールアドレス

4 1. Haben Sie/Hast du ein Handy?
2. Sagen Sie/Sag mir bitte Ihre/deine Telefonnummer.
3. Darf ich Sie/dich später anrufen?
4. Ich habe mit dem Handy ein Foto gemacht.
5. Der Akku ist leer (geworden).

LEKTION 28

1 2f, 3a, 4e, 5d, 6c

2 1. メール
2. 写真（しゃしん）
3. ファイル
4. 印刷（いんさつ）します
5. インターネット
6. フォルダー

4 1. Bitte erklären Sie mir die Verwendungsweise des PCs.
2. Man schaltet ihn an und loggt sich ein.
3. Man öffnet die Datei.
4. Man gibt die Buchstaben ein und erstellt den Text.

LEKTION 29

1 2e, 3a, 4f, 5d, 6b

2 1. ヨーロッパ
2. 首都（しゅと）
3. 人口（じんこう）
4. 民主主義（みんしゅしゅぎ）
5. 選挙（せんきょ）

4 1. Japan ist ein Land in Ostasien.
2. Die Bevölkerung beträgt ungefähr 120 Mio. Menschen.
3. Die Hauptstadt ist Tokyo.

4. Das politische System ist eine Demokratie.

LEKTION 30

1 2e, 3a, 4b, 5f, 6c

2 1. 文化（ぶんか）
2. 人気（にんき）
3. 歌（うた）
4. 伝統的（でんとうてき）
5. 俳優（はいゆう）

4 1. Ich interessiere mich für die traditionelle Kultur.
2. Ich möchte nach Kyoto fahren, um ein Fest/Feste anzuschauen.
3. Auch moderne Kunst ist interessant.
4. Die Werke dieses Malers sind auf der ganzen Welt beliebt.

N

Effektives Vokabellernen mit 7 Stunden Audiotraining

Das **Audio-Wortschatztraining** für alle, die gerne über Hören Japanisch lernen – mit **CD**, **Begleitheft** und **PDF-Download**.

- Über 1.500 japanische Vokabeln, Wörter, Wendungen und Beispielsätze für den Einstieg (A1)
- Alle Inhalte in beiden Sprachrichtungen zum Nachsprechen und Üben der japanischen Aussprache
- Für zu Hause und unterwegs in Bus, Bahn oder Auto
- Jedes Thema in beiden Sprachrichtungen: effektives Training Japanisch – Deutsch und Deutsch – Japanisch
- Alle Wörter und Sätze sind in Deutsch und Japanisch professionell muttersprachlich vertont

ISBN 978-3-12-563553-1